Geschichte
der
ehemaligen Klöster
in der
Provinz Ostfriesland.

Ein Versuch
von
Hemmo Suur,
Amtmann zu Norden.

(Mit 2 Steindrücken.)

Emden, 1838.
In Commission bei Fr. Rakebrand.
Druck von Theodor Hahn.

Vorrede.

Die Geschichte der, ehemals in Ostfriesland vorhanden gewesenen, Klöster ist, so viel ich weiß, noch nie der Gegenstand einer besondern ausführlichern Arbeit gewesen. Alle Aeltern und Neuern, welche mit der Geschichte der Provinz sich beschäftigt haben, erwähnen der geistlichen Stifter nur, wenn dieselben, handelnd oder leidend, mit den beschriebenen Begebenheiten in Berührung kommen. **Emmius** giebt in seiner Ortsbeschreibung von Ostfriesland bei den Orten, an welchen ein Kloster gestanden hat, kurze Auskunft. Die beiden **Harckenroth**, in ihren verschiedenen Werken, machen es in ihrer Weise, gelegentlich eben so. **Wiarda** in der Ostfriesischen Geschichte Th. 2. S. 350 ff., nachdem er von den Säcularisationen im 16ten Jahrhundert gehandelt hat, zählt die, damals eingegangenen Klöster auf, bei jedem Namen einige, mehr als dürftige, Bemerkungen hinzufügend. Seine Sparsamkeit ist um so weniger zu erklären, als alle Schätze des Provinzial=Archivs ihm zu Gebote standen. Blos ein, erst zwar dem Staatsdienst gewidmeter, aber nach dem ersten Anlauf in der Stille lebender Mann, **M. von Wicht**, der Sohn des gelehrten Herausgebers des Ostfriesi=

schen Landrechts, welchem dieser die Liebe zu dem vaterländischen Alterthum hinterlassen zu haben scheint, unternahm eine Schrift: »Anzeigen und kurze Nachrichten über die ehemaligen Klöster und Klostergüter in Ostfriesland.« Sie enthält in wenigen Bogen manchen schätzbaren Wink, Vieles, welches man sonst nur mit Mühe zusammen bringt, und bei einem etwas frivolen, alles katholische Wesen lächerlich machenden, Ton die deutlichsten Spuren, daß es dem Verfasser Ernst gewesen, den von ihm behandelten Verhältnissen auf den Grund zu kommen. Das Büchlein ist nie gedruckt und nur in seltenen Abschriften vorhanden. **Fr. Arends** hat in der »Erdbeschreibung des Fürstenthums Ostfriesland und des Harlingerlandes« das Meiste, welches er von den Klöstern anführt, an **von Wicht** zu verdanken, obgleich er dasjenige, welches er an Ort und Stelle erkundigt hatte, hinzusetzt.

Von Wicht gab mir zuerst den Gedanken ein, das von ihm Begonnene weiter fortzuführen. Wäre aber die Königliche Landdrostei zu Aurich, mit nie genug zu rühmender Liberalität, mir dadurch nicht entgegen gekommen, daß Sie mir verstattete, alle Urkunden des Provinzial-Archivs, welche ich einzusehen wünschte, mit Muße zu benutzen, so hätte ich nur wenig mehr, als **von Wicht**, geben können. Nachdem ich in den Stand gesetzt worden, jedes Blatt des Archivs, welches das geistliche Wesen vor, und kurz nach der Reformation angeht, zu untersuchen, mußten meine Quellen nothwendig so reichlich fließen, daß ich nicht allein meinen Vorgänger bald ganz verlassen, sondern auch vieles Unbekannte an das Licht bringen und hin und wieder die bisherigen Darstellungen des einen oder andern Punktes berichtigen konnte. Zugleich kamen, bei einzelnen Gegenständen, gütige Mittheilungen auswärtiger Gelehrten mir zu Hülfe.

Es könnte scheinen, als hätte ich zu viele Kleinigkeiten gesammelt, namentlich bei den Klöstern, von welchen mir mehr als von andern vorlag, Thatsachen angegeben, welche die Mühe des Aufbewahrens nicht verdient hätten. Ich will einräumen, daß ich bisweilen vielleicht durch den Ueberfluß verführt worden sey, zu weitläuftig zu werden. Im Allgemeinen glaube ich aber, daß man bei den Beschreibungen der Geschichte einzelner Anstalten der Vorzeit, selten zu sehr ins Besondere gehen und nie voraussehen könne, welchen Nutzen eine, für den Augenblick geringfügig erscheinende, Nachricht diesem oder jenem künftig einmal gewähren werde.

Ich wünsche jedoch, daß man mein Werk, wie auch der Titel andeutet, stets nur als Versuch betrachte und beurtheile. Jede Berichtigung wird Niemanden angenehmer seyn als mir.

Die beiden, dem Buche beigefügten, Zeichnungen von Siegeln sind nach Originalen im Archive der freien Hansestadt Bremen gefertigt. Es sind Siegel des alten Norderlandes, aus verschiedenen Zeiten. Das eine, längliche, hängt an der, Beilage IV abgedruckten, Urkunde aus dem Jahre 1255. Die etwas beschädigte Umschrift lautet: Sigillum sancti Liudgeri Nordensium patroni. Das andere, kreisförmige, ist an einer Urkunde aus dem Jahre 1347. Ich würde statt desselben das Siegel der Urkunde, Beilage II gewählt haben, wenn dieses nicht zu sehr beschädigt gewesen wäre. Beide stimmen ganz überein, mit der einzigen Ausnahme, daß das letztgedachte nur die zwei Sterne neben der Figur des heil. Ludger hat. Fünf Sterne kommen noch einmal bei einem Siegel vom Jahre 1432 vor. Alle frühere bis 1347 haben blos die zwei.

Zum Schlusse sey bemerkt, daß ich, von **Emmius** Schriften stets die Ausgabe des Jahres 1616, Leyden bei Ludwig Elzevier, Folio, benutzt habe, daß, wenn ich **Schotanus**, ohne weiteres, anführe, das Werk: »De Geschiedenissen, kerckelijck ende wereldtlijck van Friesland, Oost ende West enz., door *Christianum Schotanum* enz., Franeker bij *J. B. Wellens*, 1658,« Folio, eben so bei Anführung von **Winsemius**, die »Chronique ofte historische geschiedenisse van Vrieslant enz., door *D. Pierium Winsemium*, Franeker bij *J. Lamrinck*, 1662,« Folio, zu verstehen, und daß mir von des **Eggerik Beninga** Chronik, die durch **E. F. Harckenroth** besorgte, mit Anmerkungen versehene Quart=Ausgabe, Emden 1723, zur Hand gewesen sey.

Der Verfasser.

Inhalt.

Einleitung . . . . Seite	1
Repsholt . . . . "	21
Cisterzienser-Klöster:	
1) Thedingen . . . . "	25
2) Marienthal . . . . "	31
3) Timmel . . . . "	37
4) Ihlo . . . . "	48
5) Meerhausen . . . . "	46
Klöster, welche anfänglich den Benedictinern, später den Augustinern angehört haben:	
1) Marienkamp . . . . "	49
2) Syhlmönken . . . . "	61
3) Coldinne . . . . "	66
Prämonstratenser-Klöster:	
1) Palmar . . . . "	70
2) Langen . . . . "	73
3) Aland . . . . "	96
4) Barthe . . . . "	101
Dominikaner- oder Prediger-Klöster:	
1) Norden . . . . "	104
2) Dykhusen . . . . "	110
Das Franziskaner-Kloster zu Emden:	
Faldern . . . . "	112
Johanniter-Güter:	
1) Dünebrook . . . . "	116
2) Jemgum . . . . "	117
3) Langholt . . . . "	119
4) Mude . . . . "	119
5) Hasselt . . . . "	121
6) Hesel . . . . "	121
7) Brokzetel . . . . "	121
8) Heiselhusen . . . . "	121
9) Abbenweer . . . . "	122
10) Burmöncken . . . . "	124
11) Appingen . . . . "	125
Allgemeines . . . . "	125.

Anhang von einigen Urkunden als Beilagen.
  I) Verhandlungen das im Dollart versunkene

Land und die Gränzen zwischen Olbamt und Reiderland betreffend, aus dem 15ten Jahrhundert, mit einer Charte . . . Seite 131

II) Urkunden aus dem 15ten und 16ten Jahrhundert, die Rechte des Domkapitels zu Bremen an die Kirche zu Arle betreffend " 143

III) Urkunden aus dem 15ten und 16ten Jahrhundert wegen der Zehnten des Stifts Bremen, im Amte Berum . . . . . " 145

IV) Sühne zwischen den Bremern und Ostfriesen vom J. 1255 . . . . . . " 149

V) Erklärung der Geistlichkeit in Ostfriesland und Groningerland über einen Verein gegen die Anmaßung eines Emissars des Cardinals von Ostia, 1392 . . . . . . " 154

VI) Entscheidung wegen streitiger Weidefläche zwischen den Klöstern Marienthal und Coldinne, 1521 . . . . " 158

VII) Verhandlung wegen eines vom Kloster Jhlo verkauften Vorwerks in der Dornumer Grode, 1443 . . . . " 161

VIII) Verfügung des Bischofs von Fano als apostolischen Nuntius wegen des Klosters Jhlo, 1449 . . . . " 163

IX) Das Kloster Syhlmönken nimmt das Kloster Coldinne in die Gemeinschaft der guten Werke auf, 1480 . . . . . " 166

X) Theilung der Güter des Klosters Palmar, 1447 . . . . " 169

XI) Bestimmung wegen der Pflichtigkeit des Klosters Langen zum Larrelter Syhl u. s. w., 1370 . . . . " 172

XII) Das Auricherland und das Süderland überlassen dem Kloster Aland gewisse Grundstücke, 1431 . . . . " 175

XIII) Bischof Eberhard von Münster schenkt den Johannitern gewisse Güter in Holtgast u. s. w. 1284 . . . . " 177

XIV) *Memorialis designatio* der Klöster u. s. w. " 180

Einleitung.

Den Nachrichten von den vormaligen Klöstern in Ostfriesland sollte billig Einiges von den kirchlichen Einrichtungen des Landes vor der Reformation, vorangehen. Das Dunkel, welches in vielen dahin gehörenden Puncten herrscht, erlaubt nur Andeutungen.

Der erste Saame des Christenthums wurde von den englischen Glaubenslehrern in Friesland gebracht, jedoch in den blutigen Kriegen mit den Franken größtentheils wieder unterdrückt. Ob die Arbeit jener Prediger auch auf das eigentliche Ostfriesland sich erstreckt habe, ist zweifelhaft. Nachdem Karl der Große die Sachsen allmählig zur Ruhe genöthigt, und in ihrem Lande größere und kleinere geistliche Stiftungen in's Leben gerufen hatte, begannen, von ihnen aus, Missionen durch Ansiedelungen an der Ems, welche sich nach und nach der Seeküste näherten. Corvey erwarb sich Besitzungen in Meppen, Lathen u. s. w. Die Abtei Werden hatte unter andern einen großen Hof zu Groningen und, in dem jetzigen Ostfriesland, Güter zu Holtgast an der Ems ¹). An den Orten, an welchen ein solcher Hof entstanden war, folgte auch bald eine Kapelle ²) oder gar eine Kirche. [Die zu Holtgast war die älteste in Reiderland ³).] Die Bewohner der Umgegend wurden andächtiger, vermehrten das Eigenthum der Anstalt durch Vergabungen, ja schenkten selbst entferntern Gotteshäusern von ihren Ländereien. [So bekam der heilige Bonifaz zu Fulda Güter zu Jennelt und zu Pewsum ⁴).] Wie in der Folge die Klöster in den friesischen Nachbarlanden sich vermehrten, fingen auch diese an, ihre Wirksamkeit auf Ostfriesland auszudehnen. Sie setzten sich an wüsten Plätzen, welche noch Niemand in Anspruch genommen hatte, fest, oder erhielten von Landeseinwohnern zur Errichtung von Tochterhäusern, Hülfe; diese wurden bald selbstständig und griffen von ihrer Seite um sich; Ostfriesland wurde mit Klöstern und Klostergütern überhäuft.

Den geistlichen Angelegenheiten, im Allgemeinen, stand der Bischof vor, indessen gehörte Ostfriesland nicht zu Einem, sondern zu verschiedenen Sprengeln. Anfänglich war

---

1) Von Corvey s. *Grupen orig. osn. passim*, auch Behnes in s. Geschichte des Niederstifts Münster; von Werden: Urkunden bei *Kempius de situ etc. frisiae* p. 155. und Niesert Münst. Urk. B. 1. Abth. 1. S. 100.; sodann unten bei den Johannitergütern.

2) *Oratorium*. Ein solches war zu des h. Ludger Zeit schon zu Wiscwirt, in der Gegend, in welcher Helewirt lag: entweder Usquard und Holwierde in der Provinz Groningen oder Visquard und Uplewart in Ostfriesland; ersteres wahrscheinlicher. *Altfridi vita S. Ludgeri L.* 11. *c.* 1. bei *Pertz in monum. Germ. hist. P.* II. *p.* 412.

3) *Emmius descr. chor. fr. o. p.* 36.

4) Von den vielen dunkeln Namen bei *Schannat trad. fuld.* nenne ich nur zwei ganz deutliche.

wohl Utrecht zum Bisthum für den größten Theil Frieslands bestimmt. Nachdem jedoch die Stühle zu Münster, Osnabrück und Bremen errichtet waren, theilten diese sich in die kirchliche Botmäßigkeit über das jetzige Ostfriesland, nach Maßgabe der bei der Stiftung festgesetzten Gränzen, vielleicht auch, wo dieselben nicht deutlich waren, nach dem Rechte des Zuvorkommens.

An Münster, oder vielmehr an dessen ersten Bischof, den heiligen Ludger, wurden ursprünglich fünf friesische Gauen, im Osten des Flusses Labeki (der Lauwers) nämlich Hugmerchi, Hunusga, Fivilga, Emisga und Federga sammt einer Insel, Bant, überwiesen. Die drei ersten Namen finden sich in den Bezirken Hummers oder Humsterland, Hunsingo und Fivelgo, in der jetzigen Provinz Groningen wieder. — Emisga, der Emsgau, müßte, weil Fivelgo sich nicht bis zur Ems erstreckte, zum Theil an dem linken Ufer dieses Flusses gesucht werden, lag aber hauptsächlich am rechten Ufer, in dem jetzigen Amte Emden und dem südlichen Theile des Amts Greetsyhl. Denn dort nennt der Abt Menco von Werum, bei dem J. 1254 die Emisgoner; die Emsiger Doemen vom J. 1312 sprechen von Amasgaland, und Pewsum, Hinte u. s. w. waren in demselben. — Federgo endlich, auch Fetirgo und Phedirgo genannt, (nicht, wie man früher wohl glaubte, Reiderland) war die Gegend von Groothusen und Jennelt, also der nördliche, vielleicht auch nur der nordöstliche Theil des Amts Greetsyhl [5]).

---

[5]) Von den an Ludger verliehenen Landschaften siehe jetzt: v. Ledebur, die fünf Münsterschen Gauen und die sieben Seelande Frieslands. Berlin 1836. — Wegen Federgs ist die Stelle des Menco bei Wiarda, O. G. Th. 1. S. 214 abgedruckt. In den *traditionibus Fuldensibus* bei *Schannat* heißt es p. 312 f. *Ego Goto tradidi S. Bonifacio proprietatem meam*

Reiderland wird unter jenen Gauen nicht genannt. Glaubt man den Emsgau auch an dem linken Emsufer annehmen zu müssen, so war Reiderland von selbst an Ludger mit verliehen. Auch leidet es keinen Zweifel, daß dasselbe später unter dem Bisthum Münster gestanden habe, ursprünglich war es aber mit Osnabrück verbunden. Dieses erhellet aus der Urkunde von der Entwässerung einiger Gegenden der Provinz Gröningen und eines Theils des im Dollart versunkenen Landes vom J. 1391, in welcher die Flüßchen Sipe und Tjamme als die Gränzen zwischen dem Altenamt und dem damals weiter nach Westen gehenden Reiderlande und zugleich als die Scheidungen zwischen den Bisthümern Münster und Osnabrück angeführt werden [6]).

Demungeachtet muß schon früher die kirchliche Gewalt dort Veränderung erlitten haben. Denn obgleich der Schluß jener Urkunde die Herrschaft des Bischofs von Osnabrück noch als geltend voraussetzt, so scheinen doch der Faldernsche Vergleich mit dem Bischof Eberhard von Münster vom J. 1276 und die mit ihm in Verbindung stehenden Verträge schon die Botmäßigkeit Münsters über Reiderland vorauszusetzen.

Oberledingerland kommt in den Ludgerschen Gauen eben so wenig vor. Es ist von dem südlicher belegenen Lande am rechten Emsufer durch sichtbare Gränzen nicht geschieden; da dieses zu Osnabrück gehörte, so möchte man fast vermuthen, daß anfänglich auch Oberledingerland dahin

---

in Fetergoe, in marca Nordwalde, in villa Geinlete und p. 316. *Ego — Igolt de Fresia trado S. B. — in pago Federgewe, in marcha Nortwaldo in villa Gelete, terram etc.* — Eben so wegen Emisgo daselbst. *Gerhart de Fresia, in villa Pewesheim, in pago Emisgewe.*

6) S. Beilage I.

gewiesen worden [7]). Verträge aus dem 14ten Jahrhundert scheinen jedoch auch hier schon auf nähere Verbindung mit Münster zu deuten [8]).

Sey dem, wie ihm wolle, gewiß ist, daß im 15ten Jahrhundert Reiderland, und von Oberledingerland wenigstens die Kirchspiele Driver, Bakemoor, Ihrhove und Grotegast sammt der Gegend zwischen Leda und Jümme zum Münsterschen Sprengel gerechnet wurden [9]). Der südliche Theil Oberledingerlandes mag noch unter Osnabrück gestanden haben.

Bremen erhielt in Friesland Rüstringen, Ostergo, Norderland und Wangrien, denen eine andere Nachricht noch Harlingerland (Herloga) und zwei dunkle Namen, Diesmeri und Morseti, hinzufügt. Nach dem (in einiger Hinsicht bestrittenen) Stiftungsbrief vom J. 788 war der Sumpf Eddenriad, welcher Emisgo von Ostergo schied, die westliche Gränze des Sprengels. Da beide Gauen, das Emsland und das jetzt zwischen Oldenburg und Hannover getheilte Ostringen, ziemlich weit auseinander liegen, so kann unter jenem Sumpf nur die große Strecke Moores, welche den Kern Ostfrieslands bildet, gemeint seyn, wie denn in der That auch die in der Nähe der Bisthumsgränze genannte Namen Wildloh u. s. w. auf die Moorgegend deuten, welche das Großherzogthum Oldenburg mit Ostfriesland verbindet. Freilich liegt der ganze Küsten-

---

[7]) Möser in der Osnabrückschen Geschichte scheint Abschn. 4. S. 3 und Abschn. 5. S. 6 auf dergleichen hinzuweisen.

[8]) Ein Vertrag von 1326 wird angeführt bei v. Ledebur: das Land und Volk der Brucerer S. 100 und einer von 1347 ist bei Niesert a. a. O. Th. 1. S. 87 abgedruckt.

[9]) Das *registrum curarum* und das *de nostris Regalibus per Ostfrisiam* im Anhang zu v. Ledebur: die 5 Münst. Gauen.

rand bis an die Emsmündung im Norden der Moräste, und doch gehört derselbe unter Bremen [10]).

Eine von Harckenroth aufbewahrte und von Wiarda nacherzählte Ueberlieferung [11]) setzt die Scheidung der Bremenschen und Münsterschen Sprengel bei dem Dorfe Schott im jetzigen Amt Norden. Bis dahin erstreckte sich ungefähr der alte Busen der Leye und das Wasser Gent war in der Nähe. Es mögen also natürliche Gränzen dort gewesen seyn. Dann müßte der südliche Theil Brockmerlandes unter Münster, der nördliche aber unter Bremen gestanden haben, und wirklich gehörten im 15ten Jahrhundert die Kirchspiele Siegelsum, Buthac (auch Butee, vielleicht Engerhafe) Victorbur, Bedekaspel, Wigboldsbur, Forlitz und Südwolde (Blaukirchen) zum Stift Münster [12]). Marienhafe wird nicht genannt; nach einem unten zu erwähnenden Vertrage mit dem Bischof von Münster scheint Letzterer jedoch schon im J. 1250 dort zu sagen gehabt zu haben. Jene Kirchen liegen allerdings sämmtlich im Westen des Moores. — Alles dagegen, welches weiter östlich war, gehörte Bremen an.

Je mehr die Gewalt der Bisthümer sich entwickelte, desto mehr erweiterten sich die kirchlichen Einrichtungen. Auch in diesem Stücke wurde an den Gränzen des Landes, welche dem Sitze des Bischofs am nächsten waren,

---

[10]) Der Stiftungsbrief ist in der *historia eccles.* des Adam von Bremen. L. 1. c. 10. Das Ebbenriad heißt dort *palus*. — Die Namen Rüstringen bis Wangrien giebt *Ansgarius in vita Willehadi* c. 8. bei *Pertz l. c.* 383, die übrigen drei der Scholiast des Adam von Bremen an.

[11]) *Harckenroth oorsprongel.* S. 128.

[12]) Das Anm. 9. angeführte Register. — Das Wasser Gent wird als *aqua Gent* bei Menco in der oben bemerkten Stelle genannt. Daß es in der Nähe von Upgant, also auch von Schott war, zeigt der Name.

der Anfang gemacht, und, je nachdem die, im Innern sich darbietenden, größern Hindernisse überwunden werden konnten, allmälig vorgeschritten. St. Ludger hatte in seinem Sprengel schon die Kirche zu Leer [13]; von der zu Holtgast ist oben die Rede gewesen. Der Stuhl zu Bremen bewirkte unter den sächsischen Kaisern, die Errichtung des Chorherrenstiftes zu Repsholt und die Kapellen zu Etzel, Marks, Horsten und Dykhusen; wahrscheinlich auch der Kirche zu Arle, bei welcher der Bischof oder das Domkapitel wenigstens die Collation hatte [14]. Oft halfen auch benachbarte Herren zu dem frommen Werke, und erhielten dafür gewisse Rechte. So vergaben die Grafen zu Oldenburg zwei Pfarrstellen an der Kirche zu Aurich, und sie und die Grafen zu Hoya jeder eine an der zu Esens [15].

Dagegen wurden die Landes-Einwohner für den Unterhalt der Kirche und ihrer Diener allmälig in Anspruch genommen. Insonderheit dienten zu diesem Zweck die Zehnten. Man hat auf das Zeugniß des Werumer Abtes Menco die Behauptung gegründet, daß Friesland den Bischöfen nichts geben, namentlich Zehnten nicht entrichten durfte. Mag das Zeugniß für einen Theil des überemsischen Frieslands, vielleicht auch für einzelne Gegenden Ostfrieslands wahr seyn, im Allgemeinen ist es nicht richtig. Die in vielen Gemeinen üblichen Abgaben in Getreide und andern Lebensmitteln an Prediger und Schullehrer rührten vielleicht von dem Zehnten her, denn nach der Reformation sind sie sicherlich nicht entstanden. Schon bei der Stiftung von Repsholt wird

---

[13] *Ecclesiam suam in loco qui dicitur Hleri juxta fluvium Lada. Vita S. Ludgeri L.* 11. *c.* 5. bei *Pertz l. c. p.* 413.

[14] S. die Archival-Urkunde Beil. II.

[15] Halem a. a. O. S. 260.

der Zehnten gedacht. Urkundlich gewiß ist die Sache für das Amt Berum, in welchem der Stuhl zu Bremen aus den Kirchspielen Arle, Nesse und Hage Zehnten zog, und zwar so wenig unter Widerspruch, daß eingeborne Häuptlinge sie in Pacht zu nehmen kein Bedenken trugen. Erst im J. 1574 kauften die gräflichen Brüder Edzard und Johann sie, sammt dem Rechte der Collation in Arle, an sich [16]). Wäre etwa auch an andern Orten die jährliche Lieferung von Naturalien, insonderheit von Korn an die Domainen, Ueberbleibsel geistlicher Zehnten? Das Korn heißt ja früher und später Tegedenkorn [17]).

Die Mittelbehörde zwischen den Bischöfen und den Pfarrkirchen waren die Decane oder Pröbste. In Reiderland waren zwei, zu Weener und zu Hatzum, von denen die Stelle des ersten in der Folge mit der des letzten vereinigt worden. Am rechten Emsufer hatte der Münstersche Sprengel fünf, zu Leer, Emden, Hinte, Uttum und Husum (Groothusen), denen später ein sechster für Brockmerland, dessen Kreis bis Riepe ging, hinzukam. Im Bremenschen Sprengel werden in Ostfriesland nur zwei, einer zu Erle (Arle) und einer für Harlingerland genannt [18]). Friesland, münsterschen Antheils, soll im Ganzen sechszehn gehabt haben.

[16]) Die Beweise aus Archival-Urkunden in der Beil. III.

[17]) Die Ableitung des Wortes Tegeden (weiter südlich: *thegathon*) in J. Grimm's Deutscher Mythologie S. 46. giebt den Begriff einer Sache, welche der Gottheit, hier der Kirche, geweiht ist, so wie die bei Wiarda im altfr. Wörterbuch S. 379 angeführte Stellen friesischer Gesetze den einer Zwangsabgabe.

[18]) Die Angaben von sieben Pröbsten in dem münsterschen Ostfriesland sind bekannt. Die Probstei zu Weener war noch im 15ten Jahrhundert vorhanden. Sie führte den heil. Michael, so wie Hatzum den h. Sebastian im Siegel. Um die Zeit der Reformation waren beide vereinigt, wie denn die Register (Anm. 9) nur Hatzum ha=

Daß die Pröbste geistliche Personen waren, ist nicht zu bezweifeln, demungeachtet waren einige verheirathet, übten als Häuptlinge die weltliche Macht am Ort ihres Sitzes, und vererbten die kirchliche Würde mit den eigenen Gütern auf ihre Kinder. So lebte zu Anfang des 16ten Jahrhunderts, Esse, eine Tochter aus dem Hause Grimersum als Wittwe des Probstes Gerelt zu Hinte. Noch schlagender ist das Beispiel des Probstes Hisko zu Emden und seiner Nachkommen.

Die Kirche mußte diese Abweichung von der Regel zuletzt gut heißen. Pabst Alexander VI. genehmigte durch eine, im J. 1493 an den Bischof zu Münster erlassene Bulle, daß auch Laien, selbst Verheirathete, das Decanat bekleiden könnten, damit die Geistlichkeit desto größeren Schutz bei Ausübung ihres Amtes erhielte, weil die Geschäfte des Bischofs und seiner Offizialen wegen der Unbändigkeit, Wildheit und Aufsätzigkeit der Menschen in diesen Gegenden, ohne Hülfe und Beistand der Pröbste nicht vollbracht werden könnten; die Gerichtsbarkeit der letztern sollte jedoch nur über die Laien ihres Bezirks, nicht über die Geistlichen gehen. Mit dieser Bewilligung ist indessen die Angabe zu verbinden, daß in Emden der Probst oder Decan, wenn er verheirathet war, blos die Oberaufsicht geführt, die Sende abgehalten habe u. s. w.; die Messe und andere streng geistliche Verrichtungen dagegen durch den Vice-Decan oder durch den Priester des Hauptaltars der Hauptkirche wahrgenommen worden. Vielleicht war es an andern Orten eben so [19]).

ben. — Im Bremenschen Antheil der Provinz wird der *decanus in Erla* in einer Urkunde vom J. 1338 bei *Driessen: monumenta Groningana* I. S. 137 und *Tammo, vi* prepositus terre *Harlingensis* im J. 1310 bei Cassel in der Sammlung ungedruckter Urkunden S. 234 erwähnt.

[19]) Die Bulle in v. Wicht: Vorbericht zum Ostfr. Land-

Anfänglich werden die Decanate, wegen des größern, mit ihnen verbundenen, Ansehens, zum Theil an Mitglieder vornehmer einländischer Familien verliehen seyn. Weil die Priesterehen in Friesland nicht selten waren, konnte die Würde leicht vom Vater auf den Sohn übergehen. Sie scheint in der Häuptlings-Familie zu Emden, sobald mehr als ein Sohn nachblieb, auf den ältesten vererbt zu seyn, während der jüngste, nach den Landesrechten, die weltliche Herrschaft erhielt. Nur wenn ein einziger Sohn da war, wurde derselbe Probst und Häuptling zugleich. Auch dieses mag anderwärts gegolten haben [20]).

Theils die vom Pabst gerügte Wildheit des Volkes, theils eigene Schuld, verwickelte die Geistlichkeit in Ostfriesland in manche Streitigkeit und oft in Bedrängniß. Vor den Kreuzzügen geschieht deren nicht Erwähnung. Hatten die Friesen etwa in denselben andere Ansichten erworben, oder war ihr bürgerlicher Zustand ein anderer geworden? Hatten sich die Leibeigenen zu freien Bauern aufgeschwungen, und als solche größere Kühnheit erlangt? [21]).

Gegen die Mitte des 13ten Jahrhunderts hatten die Brockmer der Botmäßigkeit des Decans zu Hinte sich entzogen, dessen Sitz zerstört, einen Priester getödtet und sonstige Unbilde begangen. Der Bischof Otto zu Mün-

---

recht. S. 116. Die Angabe von der Vertheilung der geistlichen Functionen ist aus den Papieren eines verstorbenen Forschers der Embenschen Geschichte, der aber leider seine Quelle nicht genannt hat.

[20]) Wegen der Embenschen Familie *Emmius l. c. p.* 211. — Etwas Analoges mit den halb geistlichen, halb weltlichen Pröbsten findet sich in den, aus dem Heidenthum in das Christenthum übergegangenen Godi oder *Godordsmadr* in Island.

[21]) Ostfriesland hatte früher so gut Hörige, wie andere Länder. Goto (Anm. 5) übergiebt dem heil. Bonifaz sein Gut zu Jennelt *cum mancipiis.* S. ferner bei Repsholt.

ster wußte sie zwar im Jahre 1250 zu einiger Genugthuung zu bewegen, war aber dafür genöthigt, sie von der Aufsicht des Probstes zu entbinden, und die geistliche Gerichtsbarkeit, unmittelbar durch seinen Abgeordneten, alljährlich in drei Kirchen des Gaues, verwalten zu lassen, zu welchem Ende ein für allemal sechs Kirchen, unter denen man wechselte, zu Sendkirchen bestimmt wurden. Sie heißen in der Urkunde des Vergleichs, der Hof oder die Kirche St. Mariä und Buthac oder Butece; — Wibadeshof und Lopessumwalde; — Godekakarl oder Godekakirs und Aldegundiswald. Die erste ist Marienhafe, die zweite vielleicht Engerhafe, im Brockmerbrief zwar Utengrahove, jedoch in Ocko ten Broks Testament, Butee genannt; die dritte ist Wigboldsbur und die vierte Loppersum, zwar sonst nicht zu Brockmerland gerechnet, indessen in der Nähe und wenigstens eben so gut mit ihm in Verbindung, wie Hinte, wo früher der Sendstuhl war; die fünfte wird Bedecaspel seyn, sonst auch Bedekarkspel geschrieben, und die sechste Blaukarken, welches ehemals Südwolde hieß, vielleicht die heil. Aldegunde, als Patronin der Kirche, anbetete [22].

Der Zwist mit den Brockmern war gleichsam das Vorspiel zu größerer Uneinigkeit, welche zwanzig Jahre später im Westen der Ems ausbrach, bald aber die meisten der zum Münsterschen Sprengel gehörenden Landschaften, an beiden Seiten des Flusses, ergriff. Ursache derselben war der Druck des Bannes, welchen die Geistlichkeit ziemlich leicht aussprach, vielleicht auch Eifersucht gegen einen Edlen, Hrodbern, der seinem unmündigen Sohne das Decanat zu Farmsum verschafft hatte. Ein Nachbar, Wilbert

---

[22] Der Vergleich ist bei Niesert a. a. O. S. 71 und anscheinend richtiger bei Behnes a. a. O. S. 656 abgedruckt. In welcher Art der Inhalt mit den Brockmer Willkühren und den in ihnen erwähnten Kirchen in Einklang zu bringen sey, ist hier nicht der Ort zu untersuchen.

Eppinga, wiegelte das Alteamt auf, sein Freund, Hereward der Einäugige, die Einwohner Reiderlands und des Emsgaues. Man zerstörte die Häuser der Pröbste, und jagte sie selbst aus dem Lande [23]). Bischof Gerhard von Münster belegte die Aufrührer mit dem Interdict, bewirkte aber auch so keinen Gehorsam. Der Erzbischof von Bremen fürchtete die Ausbreitung der Unruhen in seinem Bezirk, begab im J. 1273 sich persönlich in die Nähe des Schauplatzes, nach Norden, und setzte, in öffentlichem Sendgericht, den dort vorhandenen Mißbräuchen ein Ziel. Mit dem Stuhle zu Münster dauerte der Streit noch drei Jahre Da traten verschiedene Prälaten zu Faldern zusammen und schlossen im April 1276 die berühmte, nach dem damaligen Bischof Eberhard, der Eberhardsbrief genannte Sühne, durch welche »mit einiger Abweichung von der Strenge der geistlichen Gesetze« Priester und Laien in ihre Schranken gewiesen, Bußen für die Verbrechen festgesetzt, und die bürgerlichen Verhältnisse Frieslands, gegen das Stift Münster und sein Gebiet, näher bestimmt wurden. Der Inhalt des Friedens scheint jedoch allgemeinen Beifall nicht gefunden zu haben. Denn im October desselben Jahres war noch ein Nebenvertrag der Consuln und Geschwornen der Landschaften Reiderland, Emsgo, Brockmerland und Alteamt mit dem Bischof nöthig, ja es wollten die von Reiderland und von Alteamt sammt den Mentersaten sich noch nicht geben, so daß die Emsländer und Brockmer im November sich für den Beitritt jener verbürgen mußten [24]).

Gegen die Mitte des folgenden Jahrhunderts lagen die Emsländer, Brockmer, Moormer und Oberleding-

---

[23]) Wiarda Th. 1. S. 227.
[24]) Der Eberhardsbrief ist plattdeutsch bei Beninga in s. *Chron.* und lateinisch bei Niesert a. a. O. S. 74, die andern Verträge bei letzterm bis S. 80.

ger abermals mit dem Bischofe Ludwig von Münster in Streit, zu dessen Beendigung im J. 1347 zwölf Schiedsrichter, von Seiten der Ostfriesen, Folkert Beninga, Rudolph von Cirkwerum, Haytet von Husum, Aylt von Suderhusen, Liudward von Emden und Hisko von Larrelt ernannt wurden [25]).

Merkwürdig ist, daß alle vorgedachte Unruhen im Münsterschen Sprengel geschahen. In dem Bremenschen scheint größerer Frieden geherrscht zu haben. Denn außer der Feindseligkeit, welche der Erzbischof Johannes im J. 1314 zu Norden erlitten haben, und bei welcher er geschlagen und gefangen seyn soll, wird Derartiges nicht erzählt [26]).

So lange dergleichen Reibungen nicht stattfanden, stand die Geistlichkeit in hohem Ansehen, und wurde oft zur Vermittelung von Streitigkeiten zwischen Landeseinwohnern oder zwischen diesen und Fremden gebraucht. Von Vergleichen zwischen Einzelnen, welche sie bewirkte, sind unzählige Beispiele. In öffentlichen Angelegenheiten ist der Friede der Ostfriesen mit den Bremern vom J. 1255 das Vorzüglichste [27]).

Zu welcher Zeit aber die Geistlichkeit das Recht erhalten habe, in Landessachen mitzusprechen, wann sie bei Verwaltung des gemeinen Wesens Stimme bekommen habe, oder, mit einem neuern Ausdruck, Landstand geworden sey, ist dunkel. Noch im Jahre 1282 wurden die Langewolder Statuten, nach ihrem eigenen Ausdruck, bloß von den Laien festgesetzt, und der Brockmerbrief verbietet den Priestern, in weltliche Dinge sich zu mischen. Die Staatsverfassung verhinderte in den frühern Zeiten die

---

[25]) Niesert a. a. O. S. 87.
[26]) Der Vorfall ist nicht deutlich. S. Wiarda a. a. O. Th. 1. S. 265.
[27]) S. Beilage IV.

Zuziehung des Clerus. Die Gewalt war allein beim Volke, nicht etwa bei dem großen Haufen, sondern, wie noch in jedem Kirchspiele, bei den durch vorzüglichen Grundbesitz stimmfähigen Eingesessenen, den »Interessenten». Jeder Gau oder Stamm wählte aus diesen Stimmberechtigten seine Vorsteher, welche unter dem Namen Richter, Consuln und Geschworne, die Landschaften, nicht nur gegen Nachbarn und gegen Feinde, sondern auch in den Volksversammlungen vertraten. Ihre Würde wurde hin und wieder Erbgut der Nachkommen und der Richter verwandelte sich allmälig in einen Häuptling [28]). Die Nothwendigkeit eines gewissen Grundbesitzes zur Theilnahme an den öffentlichen Geschäften, in der Kirchspiels-Gemeine oder am Landtage, brachte von selbst mit sich, daß die Geistlichkeit, so lange sie jenen Besitz nicht erlangt

---

[28]) *Consules et jurati* stehen wie *judices* im ganzen Mittelalter an der Spitze der einzelnen Landschaften, so lange die Häuptlinge nicht vorkommen. Sie vertraten ihre Gauen nicht nur beim Upstallsboom (in den Verhandlungen vom J. 1323 werden von Laien die gleichbedeutende *Grietmanni et judices* aufgeführt) sondern auch bei andern Gelegenheiten, z. B. in den schon erwähnten Vergleichen mit Münster und in den Verträgen mit der Stadt Bremen. Die Norder Consuln, drei an der Zahl mit einem Sprecher — *orator*, etwa wie der Talemann bei den Brockmern, oder der Radmann in der Hauensteinschen Waldeinung — gehören hieher. Sie waren oft, ja gewöhnlich, aus den Geschlechtern, denen später die Häuptlinge entstammten, und in der Folge selbst Häuptlinge, mögen es auch, mit andern Namen, früher schon gewesen seyn. Die Verfasser der Emsiger Doemen nennen sich Richter und Häuptlinge, und statt der *Grietmanni et judices* steht im friesischen einfach *Elingse*. — In Ostringen waren 16 *judices*, vorzugsweise die *sedecim* genannt. In Harlingerland hießen sie auch *enunciatores*. S. Verhandlungen mit den Bremern von den J. 1306 u. 1310; bei Cassel in der Samml. ungedr. Urkunden S. 234.

hatte, von den Berathungen in der Gemeine und von den Landtagen ausgeschlossen war. Erst der Wachsthum der Klöster wird ihr Ländereien verschafft haben, welche groß genug waren, mit denen anderer Eingesessenen sich zu messen. Denn daß neben oder vor den Stiftern das, zum Theil ältere, Eigenthum der Pfarrkirchen jemals in den Zusammenkünften der Interessenten vertreten worden, findet sich nicht, es müßte denn die Sache nach der Reformation gänzlich vergessen seyn. War früher auch ein Werdenscher oder Fuldischer Hof mit hinlänglichen Ländereien versehen, so wurde er doch nicht vom Eigenthümer bewohnt, und den Meier, wie jetzt den Pächter, wollte man nicht in der Mitte unabhängiger Männer. Ja nachher, wie die Klöster schon begütert worden waren, mag es dem eigensinnigen Landmann Ueberwindung gekostet haben, bei den Berathungen über des Landes Wohl auch Mönche zuzulassen.

In der That sind bei der großen Versammlung am Upstallsboom im J. 1323 Prälaten und Clerus zum Erstenmale unter den Anwesenden aufgeführt. Das Wort Clerus in der lateinischen Abfassung der damals genommenen Beschlüsse (die friesische gedenkt der Geistlichkeit gar nicht) wird blos den Stand im Allgemeinen bedeuten, ohne daß man es gerade für Weltgeistliche nehmen müßte, deren Standschaft oben schon in Zweifel gezogen ist. Sind sie jedoch darunter zu verstehen, so mögen Pröbste oder Decane zugegen gewesen seyn.

Mit diesem einzigen Fall hört vorerst die Spur der Theilnahme der Prälaten an den Staatsgeschäften wieder auf. Die blutigen Fehden der Schieringer und Vettkoper, und demnächst die ununterbrochenen Kriege der Häuptlinge unter einander, haben vielleicht gar keine ordentliche Landtage aufkommen lassen. Von 1324 bis 1327 sind zwar noch einige Verhandlungen am Upstallsboom vorhanden, es treten aber blos Laien handelnd auf.

Erst bei der großen Volksversammlung zu Groningen im J. 1361 werden abermals Prälaten und Geistliche) erwähnt; auch schlossen beide, Geistliche und Weltliche, etwa 30 Jahre später ein gemeinschaftliches Schutz- und Trutzbündniß gegen Eingriffe, welche Sendlinge Roms und andere Auswärtige in ihre Rechte sich erläuben wollten ³⁰).

Als endlich unter den Häuptlingen von Greetsyhl und darauf unter den ersten Grafen größere Ruhe und Ordnung eintrat, wurde auch die Stimme der höhern Geistlichkeit wieder mehr beachtet. Bei dem Uebertrag der höchsten Gewalt an Junker Ulrich im J. 1453 werden neben den Häuptlingen und vorzüglichsten Erbgesessenen, die Prälaten ausdrücklich als handelnde Personen genannt ³¹). Nach der Angabe im Ostfriesischen Deichrecht haben sie auch an der Feststellung der, durch Ulrich und dessen Wittwe Theda bestätigten, Deichgesetze gearbeitet. In den Deichordnungen Edzard's I. vom J. 1515, Enno's II. von 1539 und Johanns des Aeltern von 1541 wird ihres Beiraths ebenfalls erwähnt. Eben so in der Verhandlung wegen der vormundschaftlichen Regierung, vom 22. October 1542 und in der Deichordnung der Gräfin Anna vom J. 1556, obgleich jene nur von dem Abt zu Thedingen und diese blos von dem Prior zu Syhlmönken und dem Probst zu Langen mitunter-

---

²⁹) Nicht ganz deutlich ist es, aus welcher Ursache die Geistlichen hier gewissermaßen in untergeordnetem Verhältnisse erscheinen. *Nos Grietmanni et Judices Westergo etc. pro utilitate Frisonicae libertatis, cum prelatis et clericis nostris — congregati etc.* S. Wiarda von den Landtagen, 2. Ausg. S. 194.

³⁰) Das sonst unbekannte Bündniß geht nur aus der Verwahrung der Geistlichen vom J. 1392 hervor, welches in der Beil. V. abgedruckt ist.

³¹) *Beninga chron.* S. 330.

zeichnet ist. Im Syhlrecht wird der Prälaten gleichfalls gedacht, jedoch eben nicht in der Eigenschaft, welche ihnen jene Urkunden beilegen, sondern vielmehr als begüterte Landeigenthümer neben den Syhlrichtern [32]).

Sämmtliche landständische Verhältnisse dieses Zeitraums sind nicht klar. Der Junkernstand hatte in so weit Veränderung erlitten, daß nur die Besitzer der sogenannten Herrlichkeiten noch ein schwaches Abbild der ehemaligen Häuptlinge an sich trugen und nach wie vor ihre Untergebenen auf den Landtagen vertraten, die andern Adligen dagegen blos Eigenthümer bevorzugter Güter darstellten, während um und neben ihnen die übrigen Inhaber der Heerde, nach und nach unabhängig geworden, in Landesangelegenheiten mit stimmten, und allmälig den ganz gesonderten dritten Stand bildeten. — Ob die Prälaten einen eigenen Stand ausgemacht haben, und ob überhaupt schon Theilung in Curien vorhanden gewesen, ist unbekannt, eben so, ob auch die Städte schon stimmfähig waren. Der Bürgermeister von Emden wird im Deichrecht vom J. 1515 bereits mit genannt. — Nachdem, in Folge der Reformation, ein Kloster nach dem andern eingegangen war, konnte von Standschaft der Prälaten allmälig die Rede nicht mehr seyn. Statt ihrer mögen die Städte die, demnächst in die Curie vereinigte, Stimmen ungezweifelt erhalten haben.

Dieses Eingehen der Klöster erfolgte allmälig. Nachdem sie, im J. 1528 oder 1529, auf Befehl des Grafen Enno II. ihrer Kleinodien und Kostbarkeiten beraubt waren [33]), wurde ihr Vermögen nach und nach der landesherrlichen Aufsicht unterworfen und zum Theil schon zu weltlichen Zwecken verwendet. Die Aufnahme neuer Mitglieder hörte bald

---

[32]) Die angeführten Verhandlungen im Ostfr. Landrecht in der v. Wichtschen Ausgabe und bei Brenneysen.
[33]) Beninga a. a. O. S. 651.

auf, und so wie die Bewohner ausstarben, wurde das Kloster ganz säcularisirt. Eben so unbemerkt nahm die Gewalt der geistlichen Oberbehörden ab. Mit dem Stuhle zu Bremen waren schon früh Reibungen entstanden, welche den Vergleich des Erzbischofs Christoph mit den gräflichen Brüdern Enno und Johann vom 25. Mai 1529 herbeiführten; es wurde beliebt, bis zu einer allgemeinen Kirchenversammlung Alles beim Alten zu belassen [34]. Zwei und vierzig Jahre später waren die Verhältnisse schon so verdunkelt, daß über die Frage: wie weit der Bremensche Sprengel sich auf Ostfriesland erstreckt habe, in Bremen selbst, Zeugen vernommen werden mußten. Diese wußten schon wegen Aurich nichts mehr zu sagen und erinnerten wegen Norden sich nur, daß der Domscholaster in der dortigen Kirche eine Vicarey zu vergeben gehabt habe, indessen in der Ausübung seines Rechts zuletzt durch die Gräfin (Anna) behindert sey [35]. Einige der Geistlichkeit zuständige Besitzungen, mögen ihr jedoch noch länger geblieben seyn. Denn nach dem westphälischen Frieden, verlieh die Krone Schweden 1650, vier dem Domcapitel zu Bremen gehörende Meier in Ostfriesland dem Capitain Philipp Dudde zu Lehn [36]. — Wegen des Aufhörens der münsterschen Gewalt in Ostfriesland sind ähnliche Besonderheiten nicht bekannt.

[34] Brenneisen O. Hist. *P. 1. L. 5.* S. 162.

[35] Der Erzbischof hatte auf dem Reichstage zu Speyer, 1570, um Ermäßigung seines Matricular-Anschlages nachgesucht; der Bischof von Minden und der Herzog von Jülich wurden deshalb committirt, sich nach der Gelegenheit des Erzstifts zu erkundigen. Deren Subbelegirte trafen im April 1571 in Bremen ein und nahmen zu den articulirten Beschwerden des Erzbischofs durch Urkunden, Zeugen u. s. w. den Beweis auf. Das Protocoll ist im Archiv der Stadt Bremen.

[36] J. H. Pratje: Die Herzogth. Bremen und Verden, 5. Samml. S. 339.

Frägt man zuletzt, welchen Nutzen oder Schaden die Klöster in Ostfriesland geschafft haben, so wird die Antwort ungefähr so ausfallen, wie für andere Gegenden Deutschlands. Sie haben ohne Zweifel den Anbau des Landes befördert, vorzüglich, wenn sie sich in Gegenden niederließen, welche noch durch keines Menschen Hand dem Naturzustande entzogen waren; in höherer Rücksicht haben sie gewiß auch zur Verbreitung der religiösen Kenntnisse, so wie die damalige Zeit sie hatte, und eben dadurch zur Milderung der Sitten das Ihrige beigetragen. Ein solches Wirken war nicht von der Art, daß auffallende Beispiele davon im Andenken erhalten werden konnten. Zugleich wird die wenige Wissenschaft, welche man hier zu Lande kannte, ihre Herberge in den Klöstern gefunden haben. Große Geister sind jedoch, so viel man weiß, aus diesen nicht hervorgegangen. Von der andern Seite ist nicht zu verkennen, daß die Menge ziemlich stark besetzter Ordenshäuser, in dem kleinen, noch sparsam bevölkerten Lande, viele Hände den bürgerlichen Beschäftigungen entzogen haben müsse, obgleich nach den vorhandenen Beweisen, neben den Eingebornen stets viele Fremde in den Klöstern gewesen sind. Wenn aber in manchen Conventen, nach urkundlichen Zeugnissen, Personen beiderlei Geschlechts als Ordensleute angenommen werden durften, so liegt der Zweifel nahe, ob das Leben der Klosterbewohner wohl überall mit der Lehre der Geistlichkeit in Uebereinstimmung geblieben sey. Auch mag es an Druck der benachbarten Landleute nicht gefehlt haben. Ein großer Theil der an einigen Orten noch heute geltenden herrschaftlichen Frohnen rührt aus dem Nachlasse der Stifter her. In Harlingerland am meisten, denn im Amte Esens werden alle sogenannte Dienste gerade den Gütern geleistet, welche Klostereigenthum gewesen sind. Wie es ehemals in dem eigentlichen Ostfriesland damit beschaffen gewesen, ist nicht so deutlich. Hätten sie sich hier auch in demselben

Maaße gefunden, so müßte man glauben, daß das gräfliche Haus, dem die Ergebenheit des dritten Standes gegen die unterworfenen Häuptlinge von Wichtigkeit war, sie erlassen hätte, während in Harlingerland die Landeshäupter blos gegen die ostfriesischen Nachbaren, nicht gegen mächtige einländische Nebenbuhler, sich zu verwahren hatten, und daher das Volk in dem Zustande lassen konnten, an welchem es seit Jahrhunderten gewohnt war. — Daß die Getreideabgaben an die Renteien wahrscheinlich ebenfalls der Geistlichkeit ihren Ursprung verdanken, ist schon angedeutet. Ueberhaupt besteht der größte Reichthum der ostfriesischen Domainen in Klostergütern und eingezogenem geistlichen Eigenthum.

Vieles von dem bisher Angeführten wird in den folgenden Nachrichten über die einzelnen Stiftungen Erläuterung und Bestätigung erhalten. Diese Nachrichten sind oft nur Bruchstücke, ja zum Theil Vermuthungen. Es ist so viel gegeben, wie sich ausmitteln ließ.

Nachdem von Repsholt, als dem urkundlich ältesten Kloster gehandelt worden, werden erst die des Benedictiner- und Cisterzienser-Ordens, Thedingen, Marienthal, Timmel, Ihlo, Meerhusen, Marienkamp und Syhlmönken, dann, weil die beiden letztern später mit Augustinern besetzt wurden, das mit Syhlmönken in geistlicher Verbrüderung stehende Augustinerinnenstift Colbinne, darauf die Klöster der Prämonstratenser, Palmar, Barthe, Langen und Aland, die der Dominicaner zu Norden und Dykhusen, das Franziscanerkloster zu Faldern und endlich die Ordenshäuser der Johanniter beschrieben. Dem Ganzen ist ein Anhang von Urkunden mit einigen Erläuterungen beigefügt, deren Beschluß die alten Reime machen, welche sämmtliche Klöster und Vorwerke aufzählen.

Repsholt.

Kaiser Otto II. erklärte in einem, im Jahre 983 zu Verona gegebenen Briefe, es hätten zwei Schwestern, Reyngard und Wendela, im friesischen Gaue Ostringen, in der Grafschaft des Herzogs Bernhard[1]) ihre ganze Habe der Kirche zu Bremen geschenkt, sich bloß die Nutzung für die Zeit ihres Lebens vorbehaltend, darauf sey Reyngard gestorben, und Wendela, von göttlicher Liebe durchdrungen, habe alle ihre Besitzungen, namentlich zwei Höfe, Repesholt und More, mit deren Zubehörungen, jener Kirche zur Erbauung eines Klosters übergeben; der Erzbischof Adaldagus habe verschiedene Zehnten dazu gefüget und habe bestimmt, daß die Geistlichen, welche dort sich versammeln würden, nach denselben Regeln, wie die an der Kirche zu Bremen, leben sollten; der Kaiser bestätigte auf Antrag des Erzbischofs dieses Alles und verordnete die Errichtung eines, der gedachten Kirche untergebenen und der Sorge des Erzbi-

---

[1]) Der genannte Bernhard war Bernhard I. (Benno), Sohn des ersten Sachsenherzogs, Hermann des Billungers. Er starb 1011. In wiefern das Herzogthum Sachsen bis hieher sich erstreckt habe, ist dunkel. Auch die späteren Herzöge machten Ansprüche an Ostfriesland.

schofs anvertrauten Klosters, an dem Orte der Besitzungen.

Eine Urkunde des nachherigen Kaisers Otto III., damals noch römischen Königs, erlassen zu Wildeshausen im Jahre 988, bestätigte die Verfügung seines Vorgängers. Sie nennt als Zubehörungen der beiden Höfe: Gebäude, bebauete und unbebauete Ländereien, Leibeigene beiderlei Geschlechts, Tennen, Felder u. s. w. Zur Beförderung des frommen Zweckes schenkte der Kaiser dem Erzbischof einige seiner eigenen Leute, nämlich die Lite Thietsuida mit ihren Söhnen und Töchtern und deren Nachkommen und Gütern.

Das Kloster wurde zu Repsholt erbauet, dem heil. Moritz und seinen Genossen geweihet und mit regulairen Chorherren besetzt. Es bekam einen Theil der durch Adalbagus von Rom mitgebrachten Reliquien.

Nachdem Kaiser Heinrich II. im J. 1014 der Stiftung alle Freiheiten beigelegt hatte, welche andere Klöster in dem Bremen-Hamburgschen Sprengel genossen, wurden ihre Befugnisse um das Jahr 1134 durch den Erzbischof Adalbert erweitert. Er unterwarf dem Vorgesetzten des Klosters, dem Probste, die Capellen zu Etzel, Marks, Horsten und Dykhusen, nebst der Kirche zu Westerstede, welche erst kurz vorher erbaut und von dem Edlen von Fikensolt reich begabt war. In dieser Begünstigung, vielleicht auch in andern, nicht mehr bekannten Umständen, mag die Ursache liegen, daß Adalbert der Stifter von Repsholt genannt wurde. Kaiser Friedrich I. bestätigte im J. 1158 die Rechte des Stuhls zu Bremen an der Anstalt [2].

---

[2] Die Diplome der Kaiser bei *Lindenbrog script. rer. sept.* p. 151. 153. 156 und 185. und bei Staphorst, Hamb. Kirchengesch. Th. 1. B. 1. S. 309 f. Siehe auch das *Chron. Rasted.* bei *Meibom, scr. rer. Germ.* P. II. p. 96.

Von dem Wesen und Wirken des Klosters wird nichts gemeldet, als daß bei einigen Gelegenheiten die Namen einzelner Pröbste erwähnt worden. So Bonifacius im J. 1142 [3], Sipodus 1225, in welchem Jahre er eine Streitigkeit zwischen den Capiteln zu Hamburg und Bremen vermitteln half [4], und Nicolaus 1270 und 1279 [5].

Die Tracht der Chorherren wird die gewesen seyn, welche für ihres Gleichen in dem erzbischöflichen Sprengel vorgeschrieben war: ein weites Gewand mit einer Kappe oder Kapuze, sodann ein schwarzes Baret mit Pelzwerk, bei den Chorherren selbst von verschiedenen Fellen, bei ihren Vicarien von schwarzem Schaaffell. Bei dem Eintritt in das Stift wurde für die Kleidung etwas erlegt [6].

Von den Besitzungen des Convents ist außer den Namen der beiden Höfe Repsholt und More nichts bekannt. Man weiß nicht einmal den Ort des letztern auszufinden. Es wird eine Kirche oder Capelle zu More, als dem Probste zu Leer untergeben, angeführt [7]; ob dort jener Hof gewesen, bleibt dahin gestellt. Man würde ihn dann in der Moorgegend des Amts Leer zu suchen haben.

Das ganze Stift ist lange vor der Reformation eingegangen. Der zu Anfang des 16. Jahrhunderts gestorbene Erzbischof Johann (Rode) schreibt schon, daß es gänzlich vernichtet und der Probstei St. Stephan zu Bremen und Oldenburg (wahrscheinlich dem dortigen Decanat) einverleibt und zugefügt oder mit derselben ver=

---

[3] Bei *Lindenbrog l. c. p.* 175.

[4] Bei Staphorst a. a. O. S. 652.

[5] Bei Niesert U. B. B. 1. Abth. 1. S. 519. und *Harckenroth oorspr.* S. 661.

[6] Staphorst a. a. O. S. 379.

[7] *Registr. curarum* bei v. Ledebur a. a. O. S. 111.

einigt sey⁸). Wären bei dieser Vereinigung auch die Klostergebäude abgebrochen, so müßte sie bereits vor dem J. 1474 erfolgt seyn, wenn sonst die Nachricht gegründet ist, daß zur Zeit, wie der Gräfin Theda Kriegsvolk den Thurm der Kirchspielskirche zu Repsholt zerstörte, die ehemalige zweite Kirche daselbst nicht mehr vorhanden gewesen sey⁹).

⁸) Rode bei *Leibnitz in scr. rer. Brunsvic.* T. II. p. 258. zum Theil bei *Harckenroth* a. a. O. S. 662.

⁹) *Emmius rer. fr. hist.* p. 409. Daß der 1474 zerstörte Thurm der an der Kirchspiels=Kirche gewesen sey, sagt Renner in der Brem. Chronik: »düsse torne »tho Repesholt was nicht an dem Closter, dat Abalda=»gus gebouwet habbe, sundern an der Carspel=kerken.«

Cisterzienser-Klöster.

I.
Thedingen.

Das Kloster Thedingen lag nördlich von Leer an der Stelle, an welcher sein Name sich noch erhalten hat. Es war ein Nonnenstift, Cisterzienser-Ordens, vielleicht dem heil. Benedictus selbst als Patron geweihet [1]). Sonst führte es auch den Namen Syna, [2]) etwa Sinai?

Es wurde im Jahre 1283 erbauet. Angeblich war es früher zu Syhlmönken gegründet. Syhlmönken gehörte anfänglich auch den Benedictinern an, und mag zur Errichtung Thedingens beigetragen haben. Eine andere Nachricht läßt im J. 793 durch einen Hatebrand, welchem die Stiftung verschiedener Gotteshäuser beigelegt wird, zu Brokzetel, in Nordriem, ein Kloster erbauen, dessen Bewohner von ihrem Abt Thedo, Thedinger genannt werden. Dieses soll in der Folge an die

---

[1]) Das »vielleicht« beruht auf dem lateinischen Text des Faßernschen Friedens von 1276, bei Niesert, in welchem der oben weiter vorkommende Hatebrand sich eben so *de sancto benedicto* schreibt, wie andere Kloster-Vorsteher *de florido orto* u. s. w.

[2]) Abt Sibrant nennt sich 1479: *ghekoren abbet to Thedinghen, anders gheheyten Syna*. Archival-Document.

Stelle des jetzigen Thedingens verlegt seyn. Unter jenem Thebo soll das Stift 140 Nonnen und eben so viele Laienbrüder (wie Beninga sagt: 7 Stiege Jungfrauen und 7 Stiege Laienbrüder) gehabt haben [3]).

Der Vergleich der Friesen mit dem Bischof Eberhard von Münster vom J. 1276, hat unter den Vermittlern Hatebrand von St. Benedict, Cisterzienser = Ordens. Nach Beninga war er Abt des Thedinger Klosters. Wenn unter ihm 7 Jahre später die Verlegung an den Ort, an welchem Thedinga in der Folge stand, geschehen wäre, so könnte ein Hatebrand allerdings als Stifter aufgeführt werden.

Im J. 1399 warf Focke Uken, bei der Annäherung des Bastards Witzeld sich in Thedingen. — Der damalige Abt hieß Fulko. — Witzeld eroberte das Kloster und brannte es mit der Kirche ab. Eine aus Aschendorf gebürtige Nonne, Pellica, sammelte die zerstreueten Schwestern, und brachte den südlichen Theil der Gebäude wieder unter Dach, so daß er zur Kirche, zur Küche, zum Eßsaal und Schlafsaal diente. So blieb es, bis Focke Ukena, im J. 1424 den Memmo, bisher Comthur zu Langholt, zum Abt machte, der das Kloster weiter herstellte. Beninga, der die Erzählung von Pellica und Memmo giebt [4]) setzt freilich die Bemühungen der erstern in das J. 1397. Wäre dieses richtig, so müßten die Gebäude schon vor Witzelds Kriegszug zerstört seyn.

Im Jahre 1448 wurde Occo, bis dahin Priester zu Kampen, zum Abt erwählt. Zu seiner Zeit brannte das Kloster mit Vorräthen und Viehstand fast ganz ab. Doch erbauete er es bald wieder, ja war im Stande, auch eine Windmühle bei Jemgum und eine Oelmühle

---

[3]) Beninga S. 67 u. 138.
[4]) Beninga S. 164.

bei Emden anzulegen⁵). Im Jahre 1457 kaufte er von Gheelko zu Kampen 3 Grasen Landes in der Woltseter Hamrich⁶) und lieh im J. 1477 dem Convent zu Langen gegen Verpfändung des Guts Weddermönken, 400 rheinische Goldgulden für 6 Procent Zinsen⁷).

Sein Nachfolger war Sibrand, erwählt 1479. In diesem Jahre wurden von jenem Darlehn 100 Goldg. und im J. 1485 das Uebrige ihm zurückgezahlt. Unter ihm war Schwester Pellica Priorin, und Bruder Egbert Kellner⁸).

Im Jahre 1508 war Egbertus Doesborch Abt. Er verkaufte die eben erwähnten 3 Grasen Landes dem Kloster Langen⁹).

Im J. 1520 wurde Hommo oder Homerus Beninga aus dem Hause Grimersum, damals Probst zu Uttum, erwählt. Er unterschrieb, der Einzige von allen Geistlichen, den Beschluß der Prälaten, Junker, ehrbaren Männer und Offizianten, vom 22. October 1542, wegen der Bevormundung der gräflichen Kinder. Hommo starb am 8. Februar 1557¹⁰). Unter ihm wurde im Jahre

---

⁵) Beninga S. 324. *Harckenroth* oorsp. S. 672.

⁶) Nach dem Document Anm. 10.

⁷) Notiz in den Langenschen Urkunden Fol. 50.

⁸) Die Quitung der Abschlagszahlung vom Tage *Sti Brictii episc.* 1479 auf Pergament im Archiv bei den Thedingenschen Urkunden. Sibrant nennt sich darin, erforener Abt. S. Anm. 2. Die völlige Quitung in den Langenschen Urkunden, Fol. 62 b.

⁹) In Abschrift eben das. Fol. 122 b. und im Original auf Pergament im Archiv unter Thedingen. Siegel: eine Heiligenfigur, beschädigt.

¹⁰) Von Hommo s. Beninga S. 604 und 833. Seine Grabschrift bei *Harckenroth* a. a. O. S. 808.

1546 Ette van Olderſum, bisher zu Olderſum und Gödens Fräulein, zur Priorin erwählt ¹¹).

Bis ins 16. Jahrhundert hinein war das Kloſter eines der Angeſehendſten geweſen. Als Marienthal ſeinem Ende entgegen ging, nahmen die Bewohner deſſelben den Rath des Abts Homerus in Anſpruch ¹²) Es gehörte zu denjenigen Stiftern, welche Gräfin Theba in ihrem Teſtament bedacht hatte. Seine Gebäude waren ſtattlich, von einem, mit Quadern eingefaßten Graben umgeben ¹³). Auch war es ſehr begütert. Außer einem Vorwerk, Thedingen genannt, und einem zu Timmel, beſaß es 707 Graſen Landes an beiden Seiten der Ems, die beiden ſchon angeführten Mühlen, ferner Grund- und Erbpachten in der Nachbarſchaft zum Betrage von 1083 Gemeinthalern, 12 Schaaf, 15 Witten, und aus Bollinghuſen große Einkünfte an Naturalien ¹⁴). Nach und nach wurden aber die Güter andern Zwecken dienſtbar. Das Kloſter mußte jährlich dem Grafen Edzard II. hundert Tonnen Haber liefern, und überdem auf ſeinen Befehl der Schule zu Norden vierzig Thaler zahlen. Am 8. Juli 1573 verkaufte die Priorin Ette van Olderſum und ihre Conventualen, für die Befreiung von 30 Tonnen Haber und von der Leiſtung an die Schule, dem Grafen die Mühle zu Jemgum. Kein Wunder, daß unter dieſen Umſtänden, und bei der ſonſt eingetretenen Veränderung der Anſichten, in jenem Jahre, neben der Priorin nur 9 Nonnen noch in dem Kloſter waren, von

---

¹¹) Nach ihrer Grabſchrift S. Anm. 17.

¹²) S. bei Marienthal.

¹³) Jherings Collect. zur Oſtfr. Kirchengeſchichte.

¹⁴) Nach den Angaben in der, nicht zur Oeffentlichkeit gekommenen, Schrift des Cammerraths Freeſe von den Domanial-Abgaben.

welchen, nach den Namen zu urtheilen, nicht weniger als 6 aus der Fremde stammten [15]).

Fräulein Ette starb im J. 1576 [16]). Sofort nach ihrem Tode am 17. October, ließ Graf Johann durch Dr. Lorenz Holtmahn ihren Nachlaß, mit den, dem Convent zuständigen, Briefen, Siegeln, Rollen und Registern, sicher stellen, und die Schlüssel in Verwahrung nehmen, auch die Jungfrau Hildet von Middog vorläufig zur Vorsteherin des Klosters bestellen. Neun Tage später, am 26., ließ Graf Edzard sein Recht gegen diese Handlung verwahren, und bestätigte die Hildet in ihrem Amte [17]).

Zu Anfang des 17. Jahrhunderts hatte der Landesherr sich schon ganz in den Besitz des Klosterguts gesetzt. Im J. 1605 waren noch 5 Nonnen, welche von ihm unterhalten wurden, und unter andern drei Schweine aus Bollinghusen erhielten. Ob unter jenen fünf auch die Priorin Frauke von Jemgum, welche 1616 noch lebte, begriffen gewesen, erhellet nicht. Sie zog aus der Ren-

---

[15]) Der Kaufbrief der Mühle ist im Original auf Pergament im Archiv, jedoch durch Beschädigung zum Theil unleserlich. Die Mühle wird verkauft: »voor ethlich be=»schwerunghe vnnd Lastenn daer vnnser Conuent nhu ith=»liche Jaeren hen neith is beswerdt gewesen, alß dertich »Tonnhen Havernen so oeß ghn de Hondert Tonne, de »bath Conuent jaerlix E. G. gheuen schuldet. . . . . . »Dat Wy E. G. nu jarelix tsouentich Tonne Haverß »geuen vnnd liueren sullen . . . . vutd voerts vertich... »leren dat so . . . . der schoole tho Nhorden, waeuan »Jrhe Gn. ock vnsere Conuent nhu vrhet u. s. w.« — Neben der Priorin unterschrieben Gerte van Groninghen, Lucye von Deventer, Styne von Duten u. s. w.

[16]) Grabschrift bei *Harckenroth* S. 827 »up Galli dach tom hemmel gevaren.«

[17]) Die Abschrift der Verhandlungen im Archiv.

tei zu Leerorth eine Pension in Gelde [18]). — Das Vorwerk Thebingen war damals einem Gobert von Reith, zum Abtrag einer Forderung, welche er an den Convent hatte, in Pacht überlassen [19]). Endlich wurden im Jahr 1674 die Steine der Gebäude der lutherischen Gemeine in Leer, zum Bau ihrer Kirche geschenkt [20]).

[18]) Ihre Quitung, Tedinga am 20. Dec. 1616, wegen 96 Rthl. Kostgeld, Michaelis fällig, im Archiv.

[19]) Die Nachrichten von dem säcularisirten Vermögen hat Freese a. a. O.

[20]) Wiarda O. G. Th. 6. S. 56.

II.
Marienthal.

Marienthal, plattdeutsch (in der Gräfin Theda Testament) Sünte Marien Dale, war ein Nonnenkloster, Benedictiner Ordens, in der Nähe von Norden [1]).

Die Zeit der Errichtung ist unbekannt. Die Sage schreibt die Gründung demselben Hatebrand, der Thebingen gestiftet haben soll, um das J. 793 zu. Man wird aus ihr den mit Thebingen gleichzeitigen Ursprung folgern dürfen, und wenn man dann findet, daß die letzten Bewohner Marienthals bei dem Vorgesetzten Thebingens sich Raths erholten, so liegt der Schluß nahe, daß jenes, wie dieses, den Cisterziensern angehört habe.

Marienthal hieß auch das alte Kloster, entweder wegen seiner frühern Erbauung, oder nur, weil es älter war als das zweite Kloster in Norden. Schon im J. 1283 zeichnete es sich so aus, daß es für das schönste Kloster zwischen Weser und Ems gehalten wurde. In der Folge muß es gesunken seyn, denn bei der großen Pest vom Jahre 1350, wahrscheinlich dem schwarzen Tode, hielt man es für ein Sühnmittel, das Stift wieder her-

---

[1]) *Vallis beatae Mariae*, bei Emmius und sonst.

zustellen ²). Es wurde wieder stark bevölkert und verlieh im nächsten Jahrhundert den weggewiesenen Ordensbrüdern von Marienkamp und einem Theil der Schwestern von Syhlmönken, Zuflucht ³). Es kam so in Ansehen, daß Graf Ulrich und seine ersten Nachfolger sich dort begraben ließen und Graf Edzards Tochter, Theda, in Marienthal den Schleier nahm.

Wynandus, Abt zu Norden, half im J. 1255 die Sühne mit den Bremern abschließen. Er wird nach Marienthal zu setzen seyn, denn die Dominikaner waren noch nicht da.

Poppo, Abt zum alten Kloster besiegelte im J. 1436 die Urkunde, durch welche Edzard Cirksena die Herrschaft über Norderland erhielt und war 1440 Zeuge bei der Uebergabe der Burg zu Esens, durch den Häuptling Wibet an Ulrich von Greetsyhl und dessen Gemahlin. In der letzten Verhandlung wird er Poptatus genannt ⁴).

Nach ihm war Berend, oder Bernardus, Abt. Er wohnte im J. 1460 dem Vergleich zwischen Junker Occo zu Loquard und Lopperfum und Ulrich von Greetsyhl bei, durch welchen diesem alle Rechte auf Brockmerland und Auricherland entscheidend abgetreten wurden; auch stand er als Zeuge zu dem 1473 errichteten Testament des Ritters Sibo van Dornum, zu Esens Häuptling ⁵)

---

²) *Emmii hist. p.* 164 & 203.

³) Wiarda O. G. Th. 1. S. 309, sodann unter den beiden genannten Klöstern.

⁴) Brenneysen O. G. u. L. V. Th. 1. B. 4. S. 61. woselbst Albert statt Abbet steht, u. S. 64. Von Poppo siehe auch Beil. II. Vor ihm wird bei *Harckenroth* zu *Beninga* S. 340 ein Abt Bernhard als Zeuge in einem Testament vom J. 1422 erwähnt.

⁵) Brenneysen a. a. O. S. 1. *L.* 3. S. 85 u. 97. Reershemius Prediger-Denkmal. S. 216 hat schon 1457 einen Abt Bernardus.

und lebte noch 1479 [6]). Nach ihm kam Stephanus; er besiegelte einen Kaufbrief vom J. 1482 [7]). Im J. 1494, am Tage vor Pfingsten, wählte die verwittwete Gräfin Theda ihr Begräbniß in der Capelle des Klosters. Dafür vermachte sie letztwillig dem Stifte, neben verschiedenen Ländereien, 100 Rheinische Gulden zum Seelengeräthe für sich und die Ihrigen, und befahl zugleich, daß ihr Sarg bis zur Beisetzung mit einem schwarzen Sammtmantel bedeckt, aus diesem Mantel aber demnächst eine Chorkappe zum Gebrauch des Convents gemacht werden solle [8]).

Im J. 1500 war Gerd Schulenburg Abt von Marienthal. Er, sammt Herrn Jordan und Herrn Lambert, Priestern, Schwester Hysse, der Priorin, und einem Bruder Ghert, so wie »des gemeinen Convents Kinder« verkauften damals, am Tage Thomä, verschiedene dem Kloster zuständige Ländereien an Bolardus, Bürger zu Emden [9]). Unter seiner Vorsteherschaft, etwa 1511 oder 1512 wurde Gräfin Theda, Edzards Tochter, als Nonne eingekleidet. Es scheint ihr, nach ihrer eigenen Aeußerung, einige Ueberwindung gekostet zu haben. Der Abt wollte bei der Feierlichkeit den »Jungfern« eine Tonne Bier zum Besten geben, konnte aber kein vorzügliches Getränke in Norden erhalten, und gab daher was sich vorfand. Dagegen konnte man in Emden aus niederländischer Fabrik Flor kaufen [10]).

[6]) Laut einer Quitung in den Archival-Urkunden, Thebingen betreffend.
[7]) Im Archiv zu Aurich unter den Urkunden von Aland. Er nennt sich: *Abbet yn den dale marie to Norden ten olden cloester gheheten.*
[8]) Das Testament bei Brenneysen a. a. O. S. 109.
[9]) Ungedruckte Urkunde. Des Ghert gedenkt auch *Harckenroth* bei *Beninga* S. 616. in 1503.
[10]) Wiarda a. a. O. Th. 2. S. 337 f.

Abt Gerd wurde durch den Abt zu Rastede, aus unbekannten Ursachen, im J. 1512 abgesetzt. Ihm folgte Gerhard Synell, bis dahin Abt zu Rottum in Groningerland, ein gelehrter Mann, der zugleich geistlicher Dichter war. Er schrieb ein Gebetgärtlein in lateinischen Versen. Er war der einzige, der dem Norder Reformator, Heinrich Reese, im J. 1527, widersprach. Zwei Jahre später soll er seine Stelle niedergelegt haben. Doch wurde er im J. 1542 noch zu der Gesandtschaft an den Graf Johann, nach Brabant, mit gebraucht [11]). Jedenfalls war er der letzte Abt.

Das Kloster wurde im J. 1533 durch Junker Balthasar von Esens abgebrannt. Fünfzehn Jahre später wurden die Leichen des gräflichen Hauses aus der Kapelle genommen und nach Emden gebracht [12]).

Im J. 1555 war, wie es scheint, nur ein einziger Geistlicher, Pater Vincent, im Convent vorhanden. Man hatte damals die Armen zu Norden in dem Torfhause untergebracht; dieses war aber so baufällig, daß die Armenvorsteher am 10. Juni der Gräfin Anna ihre Noth klagten: »Ew. Gnaden selbst ist wohl bewußt, welches »großes, weites und unbequemes Haus es ist; — Sie »haben ein Brauhaus daneben, welches der Abt zu ge= »brauchen pflegte, und welches jetzt wüst liegt, weil sie »kein Volk haben es zu benutzen; so haben wir den Pater »Vincent darum begrüßt, und haben es von ihm zur Mie= »the begehrt.« Vincent erwiederte, er wolle den Rath des Abts zu Thedingen einziehen; von diesem kam die Antwort, man wolle es nicht abstehen [13]). Bald nachher wur=

---

[11]) Von Synell *Harckenroth* zu *Beninga* S. 621. Wiarda a. a. O. Th. 2. S. 347; Beninga, S. 736, auch Brenneysen a. a. O. *P.* 1. *L.* 5. S. 186.

[12]) Wiarda daf. S. 385 u. 437.

[13]) Die jammernde, in schlechtem Gemisch von Holländi=

den einige Theile des Klosters abgebrochen, und die Steine zum Zwinger zu Aurich verwendet [14]). Doch blieb noch von dem alten Wohngebäude etwas stehen, und in diesem erlaubte Graf Johann, im J. 1579, den Reformirten, den Gottesdienst zu halten. Er schrieb am 13. November, aus Leerorth, seinem Verwalter Johann Kuhorn: »So »befehlen wir dir auch gleichfalls, daß du die unterste »Böhne im Gasthaus=Kloster ordentlich zurüsten und die »alten Cellen davon wegthun sollst, damit der Gemeine »Raum und Platz zu Anhörung Göttliches Wortes daselbst »geben werde« [15]).

Dieser Theil mag denn noch das alte Haus seyn, welches jetzt zur Wohnung der Armen in Norden dient. Die zur Zeit vorhandene Kirche ist offenbar neuerer Ein= richtung. Ein Theil des Klosterwalles wird zum jüdi= schen Gottesacker benutzt. Ein in der Erde in der Nähe des Hauses gefundenes kleines Steinbild des heil. Jacob d. Ä. wird noch aus dem Convente herrühren. Im 17ten Jahrhundert wurden, nach einem alten Inventario, die Bildnisse der Aebte noch im Armenhause aufbewahrt

Welche Besitzungen Marienthal gehabt habe, ist nicht genau bekannt. Das meiste Vermögen wird in Lände= reien bestanden haben. Gräfin Theda allein vermachte dem Stifte ungefähr 120 Grasen in dem Wolthuser Ham= rich. Im Amte Norden werden die, früher dem Landes= herrn, jetzt den Domainen=Gläubigern des Königs von Holland, mit Erbpacht pflichtigen, in den ältern Rentei=

---

schem und Plattdeutschem abgefaßte Beschwerde ist in den Archival=Acten, das Norder Gasthaus betreffend.

[14]) Wiarda a. a. O. Th. 2. S. 354.

[15]) Aus der seltenen Schrift: Gründlicher Wahrhaftiger Bericht vom Anfang und Fortgang der Reformirten Ge= meine J. Chr. in der Stadt Norden (von Michael Rük= kert) 1674 ohne Druckort.

Registern als »alte Klosterlande« aufgeführte beträchtliche Ländereien, und vielleicht auch das jetzt sogenannte Wester=loog [16]), dem Convent in Eigenthum zugestanden haben. Auch besaß er ein Vorwerk zu Terheide, im Amte Esens. Wegen der demselben in den dortigen Heiden zustehenden Weide mußte mit dem unweit davon liegenden Stifte Coldinne im J. 1521 Prozeß geführt werden [17]). Das Kloster führte ein eigenes Siegel mit dem Bilde der heil. Jungfrau, und siegelte mit grünem Wachse [18]).

[16]) Die alten Renteiregister haben an: Alteklosterlande beim Wester= und Oisterloch, 644 Diemathe. S. Beilage XIV.

[17]) Die Entscheidung des Streits enthält die im Archiv zu Aurich vorhandene Urkunde von 1521, welche in der Beilage VI. gegeben ist, damit die Meinung, als sey in Terheide ein selbstständiges Kloster gewesen, widerlegt werde. Von einem solchen sind ohnehin keine Spuren. — Heutigen Tages sind die Klostergüter zu Terheide der Domaine erbpachtspflichtig.

[18]) Die in Anm. 7 und 9 angeführten Urkunden.

III.
Timmel.

Das Kloster zu Timmel soll im J. 1221 gegründet [1]) und ein Frauenstift gewesen seyn [2]). Mit diesen kurzen Worten ist jede Nachricht erschöpft, nur weiß man noch, daß das Cisterzienserkloster Thedingen zu Timmel ein Vorwerk hatte [3]). Ob jemals mehr als dieses Vorwerk dort bestanden habe, ist zweifelhaft [4]). Doch bieten Angaben von andern Ansiedelungen des Cisterzienser-Ordens Stoff zu Vermuthungen.

Winshemius erzählt [5]), der heil. Bernard habe, von Clairvaux aus, Missionare seines Ordens in Friesland gesandt, welche auch in Ostfriesland gekommen wären, und daselbst in Pyl und Ulbergen Klöster gegründet hätten. Aus dem erstern Ort wären sie durch Wasserfluthen vertrieben, worauf sie sich nach Timmel gewendet, und ein neues Kloster erbauet hätten, von welchem bald nachher

---

[1]) Wiarda ostfr. Gesch. Th. 2. S. 351, der sich auf die Chronik der Freesen beruft.
[2]) Arends Erdbeschr. S. 144 ohne die Quelle zu nennen.
[3]) Freese in der bei Thedingen angeführten Schrift.
[4]) *Emmius descr. chorog. p. 42* sagt blos: *Timmela, Thedingano coenobio obnoxia.*
[5]) *Chronyk* S. 145.

Mönche ausgegangen wären, die das Kloster zu Clarekamp in Westfriesland, südwestlich von Doccum, gestiftet hätten.

Pyl kann nur zu Jhlo, oder wie es gewöhnlich heißt, Yl oder Yle, gesucht werden. Vielleicht hieß es ehemals Upyl, wenigstens wäre die spätere Wegwerfung der Sylbe Up nicht ohne Beispiel. Twyssel in Westfriesland hieß früher Up't Wyssel, und das ostfriesische Uplewarb kömmt im Mittelalter oft als Plewert vor.

Wie kamen aber Fluthen, und zwar, wie ausdrücklich bemerkt wird, hohes Seewasser in jene Gegend? Oder wäre nur an wildes Moorwasser und Ueberströmung von Landseen zu denken?

Ulbergen ist ein kleines Dorf im Nordosten von Timmel, und dahin eingepfarrt.

Zu welcher Zeit das Angeführte sich zugetragen habe, wird nicht gesagt. Der heil. Bernard starb im J. 1153. Clarekamp wurde nach einigen Berichten im J. 1165 gestiftet, nach andern schon im J. 1155 und zwar von Clairvaux aus [6]).

Von diesem Allen könnte vielleicht Folgendes als Ergebniß angenommen werden: Geistliche von Clairvaux kamen kurze Zeit vor oder nach des heil. Bernards Tode hieher, und ließen sich, etwa um das Jahr 1155, in der damals noch wüsten Gegend von Jhlo nieder. Zu Ulbergen oder zu Timmel, wegen der Nähe des einen an dem andern, beides gleichviel, mögen sie irgend eine Neben-Anstalt eingerichtet haben. Die ungünstige Lage von Jhlo veranlaßte sie, ihre Wohnung dort aufzugeben, und nach Timmel zu verlegen. Allein auch hier hielten sie es nicht lange aus, indem sie schon im J. 1165 nach Westfriesland gezogen waren, und daselbst Clarekamp erbaueten. Ihr

---

[6]) *Schotanus geschied.* S. 101. Andreas Cornelius van Staveren bei Manrique, cisterziensische Jahrsgeschichten (*annales cisterc.*) *T.* III. *p.* 243.

Eigenthum zu Timmel wurde von den Schwestern ihres Ordens, welche das später nach Thedingen übergebrachte Kloster bewohnten, in Besitz genommen, und zum Vorwerk gemacht. Wie später von Westfriesland aus zu Ihlo eine dauernde Stiftung erfolgt sey, zeigt der folgende Abschnitt.

IV.

Ihlo.

Mag die Gründung eines Klosters zu Ihlo, nach dem bei Timmel Angeführten, schon um die Mitte des 12ten Jahrhunderts versucht seyn, so zeigt doch dieselbe Nachricht, daß Naturereignisse das Werk hintertrieben. Der Ort muß aber doch in der Folge zu einer Stiftung bequem und der große Forst dem einsamen Nachdenken förderlich geschienen haben. Denn in der ersten Hälfte des 13ten Jahrhunderts wurde daselbst von den jenseits der Ems wohnenden Cisterziensern in der That ein Kloster nach der Regel des heil. Bernard errichtet, und im J. 1228 durch den Erzbischof Gerhard von Bremen bestätigt [1]). Nach einer Angabe wurde es mit Mönchen aus dem Stifte Aduard, in der Provinz Groningen, nach andern mit Leuten aus dem Convent Blumkamp (später altes Kloster genannt), bei Bolsward in Westfriesland, bevölkert [2]). Es bekam den Namen Gottesschule, und blieb

---

[1]) *Emmius p.* 136. Wiarda ostfr. Gesch. Th. 1. S. 190.

[2]) Nach Emmius a. a. O. wäre es von Aduard aus besetzt. *Schotanus p.* 101 läßt es ungewiß, ob von jenem, oder von Blumkamp, oder gar von Gerkes-Kloster (Jerusalem). Dagegen sagt *Jongelinus in notitia abbatiarum ord. cisterc. p.* 58 ausdrücklich,

den Klöstern des Ordens im Westen der Ems mehr oder weniger untergeben ³).

Schon in den ersten fünfzig Jahren standen seine Vorgesetzten in Ansehen, so daß nicht allein der Abt Menco, bei dem Frieden zwischen den Ostfriesen und den Bremern vom J. 1255, unter den Vertragenden war, sondern auch der Abt Adolph den Faldernschen Vergleich mit dem Stuhle zu Münster schließen half.

In den unruhigen Zeiten des 14ten Jahrhunderts hielten die Norder Consuln Tyrling Addinga, Poppe Idzinga und Thyo Abbena mit ihrem Sprecher Hero es für nöthig, das Kloster ausdrücklich in Schutz zu nehmen. Diesem, im J. 1322 gegebenen Beispiele ahmte, 1378, Ritter Occo ten Brock nach, indem er am Altare der Klosterkirche feierlich gelobte, das Stift gegen Jedermann zu vertheidigen und die Urkunde, in der Landessprache geschrieben, auf den Altar niederlegte ⁴).

Die Gunst des ten Brockschen Geschlechts blieb dem Kloster. Als Occos Wittwe, die quade Foolke, im J. 1409, zwei Edle im Kerker zu Aurich den Hungertod hatte sterben lassen, muthete sie dem Abt von Ihlo zu, die Leichen, in dem benachbarten Moore, bei Seite zu schaf-

---

Schola Dei habe den Abt und die Mönche von *floridus campus* bekommen. Er setzt die Stiftung in das Jahr 1217. Dabei ist jedoch zu bemerken, daß er die sonstigen Cisterzienser-Klöster in Ostfriesland nicht nennt, und im *index topograph.* unter der Rubrik: *in Frisia*, die Gottesschule zwischen 5 andern in Westfriesland und Groningen aufführt, alle 6 auch in den Utrechtschen und seit 1559 in den Groningenschen Sprengel verlegt, so daß es möglich ist, daß irgendwo in jenen Theilen der Niederlande ein Kloster *Schola Dei* gewesen und das ostfriesische nicht gemeint sey.

³) Nach dem Archival-Document. Anm. 10.

⁴) *Emmius p.* 191 und 214.

fen. Dieſer beerdigte ſie zwar, jedoch in geweiheter Erde, und gab ihnen einen Marmorſtein auf das Grab [5]). Demungeachtet ſchenkte Foolke ſelbſt und ihr Sohn Reno, dem Stifte verſchiedene Ländereien in dem Hinter Hamrich zu Seelenmeſſen und Gedächtniſſen und ihr Enkel Otto beſtätigte die Schenkung, im J. 1419, den 10. November, ausdrücklich [6]). Eben derſelbe ſetzte in ſeinem Teſtamente vom J. 1435 den Abt mit zum Vollſtrecker ſeines letzten Willens ein [7]).

Auch bei dem großen Haufen der umwohnenden Landes-Eingeſeſſenen war der Abt geachtet. Er mußte für die »gemeinen Auricher« im J. 1430 den Vergleich zwiſchen Enno von Greetſyhl, Wibet von Eſens und andern Häuptlingen, den Nordern, Brockmern, Aurichern, Harlingerländern und Emsländern, einer, und Udo, dem Sohne Focko Ukena's nebſt ſeiner Gemahlin Hyme, anderer Seits, über das Idzingaſche Gut und ſonſtige Gegenſtände, mit ſeinem Siegel verſehen [8]). Er wird Poppo geheißen haben [9]).

Später war Diederich von Rees Abt. Es wird ihm von dem Abt zu Clarekamp im Jahre 1443 zum Vorwurf gemacht, daß er ein Gut des Kloſters, den Mönkenwarf in der Dornumer Grode, den Häuptlingen Moritz zu Dornum und Hayko zu Hinte verkauft habe [10]). Dieſe, als Verſchwendung betrachtete, Handlung wird es nöthig gemacht haben, daß das Kloſter einer beſondern Aufſicht unterworfen wurde, welche überhaupt auch bei den Ver-

---

[5]) *Emmius p.* 254.
[6]) Original-Document im Archiv zu Aurich.
[7]) Brenneyſen. Th. I. B. 2. S. 57.
[8]) Beninga. S. 267.
[9]) Siehe bei Aland Beil. XII.
[10]) Siehe Beil. VII.

wirrungen damaliger Zeit nützlich seyn mochte. Wenigstens war im J. 1447 der Münstersche Decan, Bernhard Balck, Richter und Erhalter der Rechte und Privilegien, der Sachen und Güter, des Abtes und des Conventes zur Gottesschule [11]).

Dennoch nahm Junker Keno zu Loquard, zur Ausstattung seiner mit Moritz Franke verheiratheten Schwester, dem Kloster Ihlo ein ganzes Vorwerk weg, für dessen Abstand Ulrich von Greetsyhl »acht Stiegen Grasen Landes« zu geben sich bewogen fand, als er im J. 1460 am Dorotheen-Tage, wie Gerd Abt war, von Keno's Vater, Occo zu Loquard und Loppersum, alle Rechte der ten Brockschen Familie an Aurich sich übertragen ließ [12]).

Im folgenden Jahre wurden, durch Wiards zu Uphusen Testament, die Besitzungen des Convents, mit einem Theile des Landes der mittelsten Burg zu Monnikeborgum, vermehrt, gleichwie später die Gräfin Theda demselben hundert Rheinische Gulden schenkte, zu Fürbitten auf ewige Zeiten. Zu gleichem Zweck gaben die Erben des Probstes Johan Bredewolt zu Emden 400 dergleichen Gulden, welche ihr Erblasser bei dem Kloster Langen ausstehen hatte, an Ihlo. Diese wurden im J. 1481 gegen Quittung des »Bruder Heinrich, von der Verhängniß Gottes Abt« Bruders Theodorich, Priors und Johannes, Kellners, bezahlt [13]).

Im J. 1499 wurde unter dem Abt Albert, durch Vermittelung des Klosters, die Kirche zu Meerss, dem

---

[11]) Urkunde, angeführt von *Harckenroth* in seinen Anmerk. zu *Beninga*, S. 580 daselbst.

[12]) Brenneysen Th. I. B. 3. S. 85. Von Occo und Keno zu Loquard S. die Geschlechtstafel 7 bei Wiarda, Ostfr. Gesch. Th. 1.

[13]) Langensche Urkunden *Fol.* 58. — In den größern Klöstern folgte der Prior dem Abte im Range.

heil. Nicolaus zu Ehren, neu erbauet, und vom Bruder Wilhelm eingeweihet [14]).

Von dieser Zeit an bis zur Reformation sind blos die Namen zweier Aebte, Bartholomäus 1504, und Johan von Mastricht, 1510 und 1511, weiter aber Nichts, bekannt [15]).

Der letzte Abt war Anton von Syenden. Er war einer der Geistlichen der Provinz, welche die neue Lehre annahmen, wurde evangelischer Prediger zu Larrelt, und soll das Glaubensbekenntniß der ostfriesischen Prediger vom J. 1528 mit unterschrieben haben [16]). Nachdem der Abt ausgetreten war, fanden die Grafen Enno und Johan die Mönche ab, und verliehen den Aeltesten Jahrgelder. Graf Johan richtete auch das Kloster zu einem Aufenthalt für sich ein, und ließ in der Umgegend Wild hegen. Früher soll Balthasar von Esens auf seinem Raubzuge die Ge-

---

[14]) Nach den im J. 1616 unter dem Altar der Kirche zu Weene gefundenen Schriften, abgedruckt in Bertram's Analekten I. S. 31. Das eine Stück: *Caput huius templi, Sanctus Nicolaus*, ist deutlich. In dem andern findet Bertram Schwierigkeiten. Es lautet: *Consecrata est haec Ecclesia per venerabilem Dominum Albertum, scholae Dei, Ao. MCCCCXCIX & consecrata est per venerabilem Wilhelmum sacerdotem & monachum monasterii, de reliquiis sanctorum & Lectionis Thebeorum.* Bertram will für *Albertum* lesen *Abbatem*, und für das erste *Consecrata* ein anderes Wort. Das *Albertum scholae Dei* ist keine ungewöhnliche Wortfügung, — dagegen möchte man am Schluß lesen: *e legione*.

[15]) Diese Namen bei Reershemius im Pred.-Denkm. I. S. 116.

[16]) Reershemius hat im J. 1528 zu Larrelt einen andern Prediger. *Harckenroth* oorsp. S. 249 beruft sich wegen Antons Unterschrift auf Emmius. Dieser sagt aber nichts weiter, als daß der Prediger zu Larrelt mit unterzeichnet habe.

bäude durch Brand beschädigt haben. Am 12. April 1549 ertheilte darauf Petrus, Bischof von Fano, päpstlicher Legat bei Kaiser Karl V., von Brüssel aus, dem Abte zu Werum die Macht, das ganze Kloster mit Zubehör, zum Besten des Klosters Aduard, an Jürgen von Münster in Erbpacht zu geben. Dieser, wie er sich nennt, Häuptling in dem Ham und Drost zu Aurich, verkaufte am 18. August desselben Jahrs die ihm verliehene Besitzung, von welcher er jedoch behauptet, daß sie ihm vom Papst zum freien Eigenthum gegeben sey, der Gräfin Anna [17]). Graf Enno III. errichtete ein förmliches Jagdschloß daselbst, welches im J. 1756 abgebrochen ist. Der Altar der Kirche ist in die Kirche zu Aurich gekommen. Die Ländereien wurden zu den Domainen geschlagen, so auch die Holzung.

Daß Ihlo ehemals das Gut Mönkenwarf in der Dornumergrode besessen habe, ist schon bemerkt. Man hat dasselbe wohl für ein besonderes Kloster ausgegeben. Ob es nach 1443 wieder an die Gottesschule gekommen sey, erhellet nicht. Sonst könnte man das Gut im herrschaftlichen Dornumer Vorwerk suchen.

Schließlich mag noch bemerkt werden, daß man dem Kloster auch eine Münze zugeschrieben hat [18]).

---

[17]) Die beiden Urkunden sind im Archiv zu Aurich. Die erste ist in der Beilage VIII. abgedruckt. Der Widerspruch wegen des Rechtes, welches Jürgen von Münster an dem Kloster erhalten hat, in der ersten Urkunde nutzbares Eigenthum, vom Legaten, und in der zweiten, volles, vom Papste verliehen, ist nicht zu lösen.

[18]) Wiarda wollte nichts davon wissen.

V.

Meerhausen.

Wenn man von Aurich, den Weg nach Esens hinauf, durch Sandhorst gegangen ist, erblickt man, in einiger Entfernung von diesem Dorfe, links von der Heerstraße, in unfruchtbarer Sand- und Heidegegend, einen einsamen Bauerhof, Meerhausen genannt. Hier stand ehemals das Cisterzienser-Nonnenkloster gleiches Namens.

Es wurde ungefähr zu gleicher Zeit wie Ihlo gestiftet, und die Errichtung mit der von Ihlo im J. 1228 durch den Erzbischof Gerhard von Bremen genehmigt [1]). Es scheint auch mit jenem gleiche Lust und Last getragen zu haben; denn Ritter Occo ten Brock erstreckte den Schutz, welchen er, 1378, dem Kloster Ihlo am Altare feierlich gelobte, mit auf Meerhausen [2]).

Von großer Bedeutung muß das Stift nicht gewesen seyn. Es wird wenigstens das ganze Mittelalter hindurch nicht einmal der Name eines Vorgesetzten genannt, oder

---

[1]) *Emmius p.* 136. Wiarda beruft sich Ostfr. Gesch. Th. 2. S. 351 auf ihn, wenn er behauptet, Meerhausen sey Ihlo unterworfen gewesen. Jener sagt nichts davon.

[2]) *Emmius p.* 214.

von Theilnahme seiner Häupter an öffentlichen Angelegenheiten gesprochen. Kurz vor der Reformation werden einige Vergabungen von geringem Betrage durch Einwohner von Emden erwähnt. Auch vermachte Gräfin Theda dem Kloster 25 Rhein. Gulden. Aus der Geringfügigkeit dieses Geschenks, während andern Conventen mehr vermacht wurde, hat man auf die schwache Bevölkerung von Meerhausen schließen wollen, obgleich es sonst ein stattliches Kloster genannt wird [3]).

Im J. 1514 gerieth Meerhausen in große Bedrängniß. Bei dem Anrücken des Herzogs von Braunschweig und seiner Verbündeten hatte Graf Edzard in der Nähe eine, noch sichtbare, Schanze aufgeworfen, vor und bei welcher es zur Schlacht kam. Edzard mußte sich zurückziehen, und steckte zu seiner Deckung das Kloster in den Brand [4]).

Doch bestand es noch einige Zeit nach der Reformation. Denn im J. 1535 trat noch Anna, uneheliche aber legitimirte Tochter Folkerts von Nordorf, Drosten zu Emden und Enkelin des bei Syhlmönken genannten Mense von Groothusen, in dieses Kloster [5]).

An Gütern besaß das Stift unter andern den Hof Groß-Heikeland in der Engerhafer Marsch, und zog zuletzt eine Beheerdischheit von ungefähr 102 Rthlr. aus demselben. Diese kam später an das Gasthaus zu Aurich [6]). Aus den Gebäuden ist zuerst ein gräfliches Jagdschloß, dann aus den umliegenden Ländereien ein herrschaftlicher

---

[3]) Die Vergabungen bei *Harckenroth* zu *Beninga*, S. 542. Ihm gehört auch der angeführte Schluß. *Emmius p.* 706 nennt das Kloster *coenobium lautum*.

[4]) *Emmius p.* 706. *Schotanus* S. 548.

[5]) *Harckenroth* a. a. O.

[6]) Arends Erdbeschr. S. 114 und 124.

Zeitpachtsplatz gemacht, worauf das Haus zum **Bauern**=
haus wurde. Es gehört eine Schäferei dazu, welche vielleicht das Kloster schon gehabt haben mag. Ein **Viereck**,
von einem Graben umzogen, deutet wohl die Stelle des
Klosters an; von der spätern Jagdlust sprechen die **Hirsch**=
geweihe in einem Zimmer des jetzigen Hauses. — Wann
das Stift aber eigentlich als Kloster aufgehört habe, ist
unbekannt.

Klöster,
welche anfänglich
den Benedictinern
später
den Augustinern
angehört haben.

I.
Marienkamp.

Von diesem Kloster sind für die ältere Zeit die Nachrichten etwas vollständiger als von andern, weil die Lobschrift auf Arnold Creveld, einen der Vorsteher desselben, im 15ten Jahrhundert durch einen gleichzeitigen Klosterbruder verfaßt, im Archiv zu Aurich sich erhalten hat. Die Handschrift, in lateinischer Sprache, von Wiarda als »Leben Arnolds Creveld« zum öftern angeführt, besteht aus zwei Heften in Kleinquart, deren erstes 8 Blätter von Papier, also 16 Seiten, das zweite eben so viel, und zugleich vorne und hinten ein Pergamentblatt, auch in der Mitte zwei Pergamentblätter, also 24 Seiten enthält. Demzufolge sind die ersten 8 Blätter von Papier, das 9te von Pergament, dann kommen 4 von Papier, 2 von Pergament, wieder 4 von Papier und endlich eins von Pergament. Zahlen der Blätter oder Seiten sind nicht da.

Auch fehlen Anfang und Schluß. Abgesehen davon, daß das erste und achte Blatt des ersten Heftes von einander gerissen, und jenes jetzt an unrechter Stelle eingeheftet worden, vermißt man in der Mitte eben dieses Heftes, zwischen dem vierten und fünften Blatt, so wie zwischen dem letzten Blatt des ersten und dem Anfang des zweiten Heftes den Zusammenhang. Da das letzte Heft in sich vollständig ist, so darf man vermuthen, daß das erste ebenfalls vier Pergamentblätter gehabt habe, welche dann verloren wären. — Das Werk ist mit deutlicher Mönchsschrift, ohne viele Abkürzungen, geschrieben, und in gewisse Abschnitte eingetheilt, deren Ueberschriften roth unterstrichen, und deren Anfangsbuchstaben größer und roth sind. Der auf einem Punkt folgende Buchstabe hat einen rothen Strich über sich. Einige Schreibfehler sind roth durchstrichen. — Eine unbekannte Hand, wie es scheint, aus dem 16ten oder 17ten Jahrhundert, hat das Ganze, am Rande, in Kapitel eingetheilt. Vielleicht hat Emmius es gethan, denn in einem Exemplar seiner Geschichte hat der weiland Regierungsrath Coldewey in einer Anmerkung zu S. 357 ihn als Besitzer der Handschrift genannt. Diese kann mit dem übrigen literarischen Nachlaß des Emmius in das Archiv gerathen seyn. — Wer Verfasser des Werkes sey, geht aus demselben nicht hervor, sondern aus Kapitel 21 nur, daß er Geistlicher in dem Kloster war, in welchem sein Held lebte, und aus Kapitel 30, daß er nach dem Jahre 1540 geschrieben habe. — Der Mann, dessen Leben er beschreibt, nennt er Arnoldus Crevelbie und Prior; daß dieser und er selbst das Kloster Marienkamp bewohnten, ist nach allen seinen Angaben sicher. — Das jetzt noch Vorhandene schließt mit Focke Ukena's Flucht aus Ostfriesland, welche mit den vorhergehenden Begebenheiten, so wie früher der Sturz Occo's ten Brock, unter der Aufschrift: »incidencia« erzählt wird. Das Werk muß aber noch weiter gegangen seyn, denn Kapitel 30 wird eines Vaters Rembert gedacht, von welchem in der Folge geredet werden soll, ohne daß er weiter vorkömmt. Auch bricht Kapitel 31 mitten in einem Satze ab. Vielleicht betraf das Ganze nicht blos Arnold Creveld, sondern alles beim Leben des Verfassers, im Kloster und in der Umgegend Vorgefallene.

Marienkamp, auch Esingerfelde genannt, lag eine kleine halbe Stunde, im Westen, von Esens, woselbst ein Bauernhof noch den ersten Namen trägt. Wegen dieser Nähe hieß es auch das Kloster zu Esens [1]. Die Zeit der Erbauung ist gänzlich unbekannt. Allem Anschein nach stand das Kloster ursprünglich nicht an dem Orte, wo jetzt Marienkamp ist; denn es gab noch ein sogenanntes altes Kloster, in dessen Kirche eine Brüderschaft der heil. Maria, jährlich um Pfingsten, unter großem Zulauf, Feier hielt, gleichwie daselbst, am Tage der Kirchweihe, noch zu Anfang des 16ten Jahrhunderts Markt gehalten zu seyn scheint [2]. Es kann dieses schwerlich irgend wo, als an der Stelle gewesen seyn, an welcher, in der Heide zwischen Schoo und Bloomberg, jetzt ein geringes landwirthschaftliches Gebäude den Namen »altes Kloster« führt. Vielleicht war die Gegend vormals besser angebaut.

Das Kloster gehörte erst dem Benedictiner-Orden und war wahrscheinlich ein Mönchskloster, hauptsächlich mit Eingebornen des Landes bevölkert. Die frühern Bewoh-

---

[1] *Emmius* nennt es *Mariae campus*, auch *coenobium Marianum*. Von dem Namen Esingerfelde. S. Wiarda's Ostfr. Gesch. Th. 2. S. 357.

[2] Die Handschrift c. 12. Der in Anm. 22 unter a) angeführte Aufsatz spricht auch von einer alten Abtei, welche früher da gewesen und nachher von den Augustinern »vorslunden« und ihr schlechtestes Vorwerk geworden sey.

ner verlegten den Convent nach Marienkamp; zu welcher Zeit läßt sich nicht angeben. In der Folge wurden sie aber von bannen gewiesen und, wenigstens zum Theil, in Marienthal bei Norden untergebracht ³). Marienkamp wurde darauf mit regulairen Chorherren, nach der Regel des heil. Augustins, besetzt. Die Veränderung scheint von der geistlichen Behörde ausgegangen zu seyn, denn bei jener Unterbringung in Marienthal war dessen Abt thätig. Vielleicht war schlechte Wirthschaft die Ursache; die Augustiner fanden wenigstens die Einkünfte in Unordnung ⁴). Gewöhnlich nimmt man 1444 als das Jahr der neuen Einrichtung an ⁵), allein sie muß früher eingetreten seyn, weil im J. 1424 schon ein Augustiner Prior da war.

Dieser war Arnold Creveld, welcher bei seinem Tode im J. 1431 sieben Jahre regiert hatte, also 1424 die Würde erhalten hat. Er wird jedoch nach Allem, welches sein Lobredner vermeldet, der erste seiner Regel gewesen seyn. Außer den Brüdern, welche er etwa mitbrachte, unter welchen der Verfasser der angeführten Schrift sich befunden zu haben scheint, nahm er verschiedene neue auf, dem Namen nach, wie er, alle Ausländer ⁶). Die Landes=

---

³) Die Handschrift redet von den frühern Bewohnern als *Fresones*, und *Antiqui monachi*, erklärt letztere aber durch *Conversos ordinis Sti. Benedicti*, läßt diese *Conversos* auch nach Marienthal bringen. Waren diese *Conversi* blos Laienbrüder, und war das Kloster vielleicht ein (Cisterzienser) Nonnenstift? Dann ließe sich die Verpflanzung nach Norden eher erklären, und die Laienbrüder folgten den Nonnen.

⁴) Um ihres bösen Lebens willen, sagt der in Anmerkung 22 unter a) erwähnte Aufsatz.

⁵) Nach Beninga S. 323.

⁶) Der Verfasser spricht von *nostro adventu*. Die Aufgenommenen waren von Coesfeld, Werslo, Emmerich, Leerdam, Lüttich u. s. w.

Einwohner sahen die ganze Brüderschaft, als Eindringlinge, mit scheelen Augen an. Demungeachtet scheinen sich sofort Laien zum Dienst des Klosters hergegeben zu haben 7).

Arnold fand bei seinem Antritt Vieles in Verwirrung. Ein Häuptling in der Nähe (Wibet von Esens oder ein Anderer) hatte durch die vorigen Klosterleute seine Felder bestellen lassen, und wollte jetzt seine Schafe auf die Triften des Klosters treiben. Hatte Marienkamp vielleicht schon das jetzt dem Schaafhause zustehende Recht der Stoppelweide auf der umliegenden Flur, und wollte der Häuptling diese theilen? Der Prior verbat sich das Eine und das Andere, und zog sich dadurch den Zorn des Gegners zu, besänftigte ihn aber und gewann seine Gunst. Ein Häuptling zu Norden (wer?) wollte auf der Roßmühle des Klosters Rapsaamen zu Oel schlagen lassen, und drohte, als es ihm verweigert wurde, mit Rache, wurde jedoch in der Folge ebenfalls versöhnt. Die Priester zu Esens und Oldendorf hatten die Gränzen zwischen ihren Ländereien und den Feldern des Stifts beeinträchtigt. Auch dieses beseitigte Arnold 8). Er sorgte für Vermehrung der Besitzungen des Klosters. So erwarb er, mit Bewilligung des Convents, obgleich nicht ohne Widerspruch einiger Brüder, das zum Theil verlassene und fast unbewohnbar gewordene Gut Schoo, mit mehreren von demselben abhängigen Anbauern, und machte es zum Vorwerk. Freilich mußte er dafür eine Besitzung in Nordorf veräußern, auch verschiedenen Personen, welche Rechte an jenes Gut behaupteten, Aecker und Weiden abtreten, in-

---

7) Es wird geredet von einem *ex nostris familiaribus donatis*.

8) Alles nach Kap. 2 der Handschrift. Oldendorp hatte damals eine, auch von Emmius erwähnte, besondere Kirche, welche durch Abnahme der Küste eingegangen seyn wird.

dessen ließ er Schoo sofort durch die Klosterleute in Ordnung bringen, und zum bessern Betrieb der Landwirthschaft mit neuen Gebäuden versehen ⁹). Aehnliche Gebäude wurden auch bei andern Vorwerken errichtet, zu Pansaat, woselbst der Prior, hätte er länger gelebt, ein besonderes Kloster errichtet hätte, und bei Marienkamp selbst ¹⁰).

Am alten Kloster, welches ebenfalls zur Landwirthschaft gedient zu haben scheint, ließ er, zunächst wohl, um der Kirche desselben mehr Heiligkeit zu geben, und den Unordnungen in den dortigen Zusammenkünften zu steuern, einen neuen Chor errichten, und eben daselbst, so wie beim nunmehrigen Kloster, neue Kirchhöfe anlegen, welche der Suffragan von Costnitz, Diederich, weihete ¹¹).

Endlich fügte er der Roßmühle in Marienkamp, welche zugleich zum Oelschlagen und zum Walken gebraucht wurde, eine Windmühle, wahrscheinlich die jetzige Klostermühle, hinzu, und ließ für den Convent, durch seinen eigenen Bruder Friedrich, Zimmermann seines Handwerks und Laienbruder in einem Kloster bei Nordhorn, einen Schlafsaal für die Ordensbrüder erbauen ¹²).

---

⁹) *Grangiavit ac monasterio incorporavit scoghe, quod primo villa exstiterat diversis ac plurimis colonis distinctam etc. pro eius comparacione alienavit — allodium in Nordorp situatum, datis eciam cum eo pluribus agris & pascuis diversis hominibus, ad quorum ius eadem villa distinctim pertinere dicebatur. Cap. 13.* Die von Emmius unbestimmt gelassene Frage, ob Schoo ein Kloster gewesen oder ein Vorwerk, wird hiedurch gelöset.

¹⁰) Auch in Pansaat (*pannenseta*) ist sonst ein besonderes Kloster angenommen. Von diesem Gute und der Landwirthschaft im alten Kloster und in Marienkamp (*nyenhuus*) Kap. 12.

¹¹) *Per patrem dominum theodoricum constanciensem epm. suffr. Cap. 12.*

¹²) Kap. 12.

Der steigende Wohlstand wurde bedroht. Die eingebornen Klosterleute, welche Marienkamp den Augustinern hatten einräumen müssen und nach Marienthal versetzt waren, verbanden sich mit einigen Häuptlingen, die jetzigen Bewohner des Klosters zu vertreiben und zu dem Ende erst Pansaat in Besitz zu nehmen. Der Angehörige eines Bauers in Utgast behorchte das Gespräch einiger Verschwornen, und der Bauer warnte den Klosterherrn, der zu Pansaat wohnte. Man suchte Schutz bei Focke Ukena, welcher die im Bund begriffenen Häuptlinge von der Unternehmung abmahnte und die ganze Sache rückgängig machte [13]).

Ob der Sieg Focke's über Occo ten Brock damals schon erfolgt sey, ist nicht angegeben. Die Erzählung jenes Vorfalls folgt aber nach der Erwähnung der Schlacht auf den wilden Aeckern. Vor derselben muß der Prior auch bei Occo bekannt gewesen seyn, denn dessen Gemahlin, Engelberg von Oldenburg, ließ, nach dem Unfall, welcher ihr Haus bei Detern traf, Arnold zu sich nach Aurich bitten, um Trost von ihm zu empfangen [14]). Occo selbst hatte, nach seinem Testament, auch Geld von dem Convent geliehen.

Arnold starb nach siebenjährigem Regiment im Jahre 1431 an einer allgemein herrschenden Pest, welche besonders den Unterleib angriff [15]), und mit ihm noch 13 Klosterbrüder hinraffte. Er hinterließ den Ruf eines für sein Stift thätigen und klugen, zugleich aber den eines beschei=

---

[13]) Im 29sten Kapitel, welches aber sehr beschädigt und dadurch lückenhaft ist.

[14]) Vor der Schlacht bei Detern verbrannte *Itze germanus Occonis ex concubina & dux belli patris sui, quia provectioris etatis fuit*, den Ort Esens. Ist dieses Verwechslung mit Witzeld, dem Bastardoheim Occo's?

[15]) *In inguine tactus.*

denen und mäßigen Mannes, der, selbst zum Generalkapitel des Ordens, nur zu Fuß reisete und, wenn er zur Essenszeit sich außerhalb des Klosters verspätet hatte, mit dem Getränk zufrieden war, welches die Brüder übrig gelassen hatten [16]).

Seine Leiche wurde mit großer Feier im Chore begraben, indessen im J. 1450 in den neuen Chor übergebracht. Dem Leichenbegängnisse wohnte, mit vieler Betrübniß, der Häuptling bei, welcher früher wegen der Schafe gezürnt hatte, übrigens bald nachher in derselben Pest starb (also wohl nicht der bis 1448 lebende Wibet von Esens gewesen seyn kann).

Wer Arnolds Nachfolger wurde, ist nicht bekannt. Vielleicht der Pater Rembert, dessen Leichnam in der Folge auch in den neuen Chor kam.

Das Kloster und sein Prior blieben in Ansehen. Im J. 1438 schenkten Wibet von Esens und Ulrich von Greetsyhl dem Stift ein Stück Ettlandes, im Osten von Margens, welches jener von seiner Schwester Jabbe geerbt hatte [17]), und bei dem Uebertrag der Herrschaft Esens an Ulrich, im J. 1440, war der Prior als Zeuge zugegen [18]).

Im J. 1458 war Nicolaus von Calkar Prior. Er wurde damals zum Probst in Langen erwählt, nahm auch die Würde an, legte sie aber im J. 1474 nieder, und kehrte nach Marienkamp zurück [19]).

Kurz vor seiner Heimkehr schenkte Sibo von Dornum,

---

[16]) Das Getränke war *tysana*.

[17]) Die am St. Urbanstage vollzogene Urkunde findet sich in Abschrift bei den Akten des Amts Esens, welche Brenneysens Amtsbeschreibung enthalten. In derselben heißt Wibet Herr von Stebesdorf. Margens heißt Mariens.

[18]) Bei Brenneysen. O. G. T. 1. B. 2. S. 64.

[19]) Die Langenschen Urkunden. *Fol.* 43.

1473, im Testament, dem Kloster sein Pferd, Töpke, und 20 Goldgulden Rheinl. Auch bei ihm muß der derzeitige Prior in Achtung gestanden haben. Denn dieser hatte in einer Kiste, zu welcher er den Schlüssel hatte, Kleinodien und Geld von dem Dornumer in Verwahrung [20]).

Später war ein Bernardus Prior. Er wurde im J. 1489 durch Hero Omken von Esens und dessen Bundesgenossen nach Groningen gesandt, um den, neulich zwischen dieser Stadt und jenen Edlen geschlossenen, Frieden zu ferneren Vollziehung zu bringen [21]).

In der Folge wurde das gute Vernehmen zwischen dem Herrn von Esens und dem Kloster sehr gestört. Hero Omken beschuldigte die Geistlichen zu Marienkamp, sie hätten, in seinen Fehden mit dem Grafen Edzard, als Kundschafter des Feindes sich gebrauchen lassen, ihm Lebensmittel zugeführt, ja (vermuthlich bei einem Streifzuge der Gräflichen) Speise für seine Leute gekocht. Ueberdem klagt der Häuptling sie des Umgangs mit leichten Frauen, der Rauflust und anderer Unordnungen an, zu welchen die vielen Laienbrüder, welche sie gehalten, sehr beigetragen hätten. Endlich schonten sie, wie er sagt, Gottes und seiner gebenedeiten Mutter nicht, brachten Kelche, Ciborien und andere Geräthe, ja alles Bewegliche bei Seite, und verließen zum Theil das Kloster. Hero Omken versichert, er habe dem Uebel steuern wollen, allein es sey nur ärger geworden, die Mönche seyen alle weggelaufen, nachdem sie »Gott dem Allmächtigen sogar den Rock ausgezogen.« Demnächst wollten sie einen neuen Prior aus des Grafen Land, aus Syhlmönken, wählen, und das Kloster mit allen Gütern an Edzard übertragen, um es anders wohin zu verlegen. Jetzt (es war im J. 1501) riß dem Häupt-

---

[20]) Brenneysen T. 1. B. 4. S. 96.
[21]) *Emmius hist.* p. 455. *Schotanus* S. 378.

ling die Geduld. Er ließ die Geistlichen einsperren, damit sie das Weggebrachte wiederschafften. Erst verließen die Geplagten sich auf Graf Edzard, es wurde ihnen aber »die Kost sparsam gereichet,« sie wurden anderes Sinnes, und versprachen, sich zu allem Verlangten zu verpflichten. Der neu gewählte Prior, Jacobus Clivis, gelobte für sich, für den Convent, und den ganzen Orden am Tage nach St. Andreä, es solle in zweien Tagen ein Brief des Inhalts ausgestellt werden, daß alles Verschleppte wieder zur Stelle gebracht und die Wahl des Priors nicht gegen den Willen des Häuptlings vorgenommen werde u. s. w., es sollten auch die Conventbrüder sich nur in ihrem Warmhause aufhalten, und keinen Fuß aus demselben setzen dürfen. Arnold von Wesel, Prior zu Syhlmönken, war für eines und anderes Bürge. Nachdem nun noch statt des Warmhauses »das ganze Viereck« zum Aufenthalt vergönnt worden, genehmigte der Subprior Arnold von Deventer mit 12 andern Mönchen die Verhandlung durch ihre Unterschrift. Am nächsten Tage stellten Prior und Subprior die versprochene Urkunde in der That aus, indessen wurde die Sache erst im J. 1503 völlig beseitigt, in welchem am Sonntage vor Philippi und Jacobi zwei Visitatoren des Ordens, im Namen des Convents, und Ulrich von Dornum mit Meister Wichmann, Pfarrer zu Esens, für Hero Omken, einen Vergleich schlossen, der das Gelöbniß des Ersatzes der weggebrachten Güter wiederholte, dem Häuptling zu Esens die Treue der Mönche versicherte und den Abstand des Priors vom Amte festsetzte [22]). Jacobus be-

---

[22]) Der Hergang dieser Begebenheiten erhellet aus Documenten im Archiv zu Aurich, als *a*) einem weitläuftigen Aufsatz auf Papier, leider sehr beschädigt, in welchem Hero Omken und Ulrich von Dornum redend vorkommen. Er ist nicht unterschrieben, und enthält die Erzählung des Verhaltens beider Theile bis dahin, daß die Mönche durch die Einsperrung ihren Sinn ändern. Die Sprache ist

gab sich nach Syhlmonken, woselbst er in der Folge Prior wurde.

Von 1503 bis zum J. 1530 ist eine Lücke. Im letzteren Jahre lag Graf Enno II. gegen Balthasar von Esens, bei Marienkamp, zu Felde. Das Kloster brannte ab und wurde nicht wieder hergestellt. Wie Balthasar am 18. October Esens übergeben mußte, wurde bedungen, daß er alle Güter, Erben, Kleinodien, Briefe, Siegel und Register, das Kloster betreffend, dem Grafen zur Hand stellen und ihm blos der Beweis des Ankaufes eines oder andern Stückes vorbehalten bleiben solle. Dagegen wurde den Conventualen vergönnt, sich zu Panzaaten niederzulassen [23]).

Die durch Balthasar übernommene Verbindlichkeit wegen der Klostergüter leitet auf die Vermuthung, daß er selbst bereits Einiges sich zugeeignet habe. Bald wird darauf das ganze Vermögen in des Grafen Hände gekommen seyn.

Wie schon angeführt ist, besaß das Kloster, außer

schlechtes Holländisch, so auch in der folgenden. b) Der Brief vom J. 1501, am Tage nach Andreas, Original auf Pergament, die Siegel verdorben. c) Abschrift des Briefs auf Papier. d) Die Verpflichtungs-Urkunde vom J. 1501 am andern Tage nach Andreas. Original auf Pergament. Das Conventssiegel in grünem Wachs anhängend: die Jungfrau mit dem Kinde in einer gothischen Nische. Umschrift unleserlich. e) Abschrift auf Papier. f) Das Document von 1503 auf Papier. *Indentura.* g) Die Vollmacht des Ordens-Kapitels zu Winsum auf die Visitatoren am 18. Februar 1503 auf Papier.

[23]) Emmius schreibt *p.* 856 von des Grafen Lager, es sey zuletzt *ad occidentem inter Nendorpam coenobiumque Marianum* gewesen. Weil er aber zugleich sagt, es habe in der Nähe der Stadt gelegen, so wird jenes *Nordorpam* heißen müssen. — Der Vertrag zwischen dem Grafen und Balthasar ist bei Brenneysen a. a. O. B. 5. S. 165.

Schoo und Pansaat, die Klostermühle und vielleicht auch das sogenannte Schaafhaus. Ueberdem gehörten ihm die das Gebäude umgebende Ländereien und mehreres in der Nähe, endlich auch das Vorwerk Margens, wahrscheinlich der jetzige Platz dieses Namens, vielleicht auch das nahe bei demselben liegende Meedland. Zu diesem, so wie zu Margens, dem Schaafhause und Schoo müssen noch heute ansehnliche Frohnen geleistet werden [24]). Das Kloster mit verschiedenem Land, die Mühle, das Schaafhaus und Margens, wie auch ein Theil des Meedlandes, ist nach und nach in Erbpacht verliehen, Pansaat auch in Privatbesitz gekommen. Doch giebt Letzteres noch ein Ansehnliches an Rocken zur Rentei. Schoo allein wird in Zeitpacht benutzt. — Von dem Klostergebäude ist keine Spur mehr.

[24]) Nach drei Urkunden aus den Jahren 1438 und 1439, deren Abschriften im Archiv zu Aurich aufbewahrt werden, schenkten die Erben eines Ihnko Bewen (unter welchen der Häuptling Bewe Regnaldisna von »Thornum«) dem Kloster gewisses Ettland bei Marghense. Aus einer andern Urkunde von 1438, abschriftlich eben daselbst, nach welcher die Brüder Ommo und Tamme Eyben 4 Diemathe Ettland in des Klosters Vorwerk Marghense dem Convent vertauschen, ihm auch eine Ham daselbst verkaufen, geht der Besitz von Margens hervor. — Uebrigens hat eine der erstgedachten Urkunden (1439, den 8. Februar) den Schluß: *Acta sunt hec in cimiterio parochialis ecclesia Ezens. Ante januam chori, praesentibus etc.* — Die Frohnen, welche zu Schoo gehören, lasten besonders auf dem Dorfe Dunum. Die Sage will, daß dessen Einwohner ehemals die niedrigsten Dienste in Schoo haben leisten müssen.

II.
Syhlmönken.

Syhlmönken war ein, dem heiligen Martin[1] geweihtes, Kloster im jetzigen Amte Greetsyhl, zwischen Uttum und Freepsum.

Sein Name wird verschieden geschrieben, Syle, Zile, Silo, Zilo, auch Zylo, dann wie jetzt in der gewöhnlichen Sprache, Syhlmönken, auch Silomönken und Zylmönken, nach welchen Emmius sein Silomonachum gebildet hat. Ob die Benennung einfach von einem etwa vorhanden gewesenen Syhl, in dem vorbeifließenden Wasser, herrühre, oder ob dem Worte Silo eine mystische Bedeutung untergelegen habe, sey dahin gestellt. Der Stifter könnte den Namen aus dem alten Testament entlehnt haben. Man findet ihn bei Klöstern mehr[2].

Wer der Stifter gewesen sey, und zu welcher Zeit er gelebt habe, ist vergessen. Nach der bei Thedingen erwähn=

---

[1] Nach einem Archival-Document von 1493, angeführt bei *Wiarda* Ostfr. Gesch. Th. 2. S. 357, welches aber, nebst allen andern, das Kloster betreffenden, Papieren, nicht mehr vorhanden seyn soll. Auch die Langenschen Abschriften haben *Fol.* 86 ein Document von jenem Jahre, vielleicht dasselbe, in welchem von *Monasterio b. Martini in Silo* die Rede ist.

[2] Das Todtenregister des St. Michaelisklosters in Hildesheim bei *Leibnitz scr. rer. Brunsv. T.* 2 erwähnt einen Ort Syloe, woselbst ein Abt war. Das Koster zu Selwert, in der Provinz Groningen, hieß auch so u. s. w.

ten Sage, als sey dieses erst zu Syhlmönken gegründet gewesen, würde das Daseyn einer geistlichen Anstalt, an dem Orte, an welchem letzteres stand, ziemlich alt seyn.

Anfänglich war Syhlmönken ein Nonnenkloster unter Aebten, von der Regel des heil. Benedictus. Vielleicht läßt die Verbindung, in welche jene Sage es mit Thedingen setzt, den Schluß zu, daß es auch dem Cisterzienser-Orden angehört habe.

Im J. 1276 war es schon als selbstständiges Kloster vorhanden; denn sein Abt schloß den Faldernschen Vergleich mit dem Bischof von Münster mit ab. Der plattdeutsche Text nennt ihn Rembert, der lateinische bezeichnet seinen Namen mit F.

Im J. 1376 war Omko Abt. Er schrieb sich »von Gottes Gnaden« und stellte mit Dedo, Probst und Pfarrer zu Norden [3]), und Enno, Häuptling von Larrelt, in jenem Jahr dem Kloster Langen das Zeugniß aus, daß Menard, Vice-Decan zu Husum, dasselbe von allen Ansprüchen wegen der ihm durch seine Magd veruntreueten Güter frei lasse [4]).

Der Abt von Zilo, unbekannten Namens, welcher gegen das Ende des 14ten Jahrhunderts die Würde bekleidete, gehörte mit zu dem Bunde, welchen Geistliche und Layen gegen den Minoriten Wigbold von Gröningen, den Abgeordneten des Kardinals von Ostia, geschlossen hatten, und stellte darüber die noch vorhandene Verwahrungs-Urkunde vom J. 1392 aus [5]).

Gegen die Mitte des 15ten Jahrhunderts wurde das Kloster reformirt. Ulrich Cirksena, nachheriger Graf, im Einverständniß mit den Häuptlingen Wiard von Uphusen

---

[3]) Wäre in Norden einer der Decane des Bremenschen Sprengels zu suchen?

[4]) In dem Langenschen Urkundenbuch *Fol.* 20.

[5]) Beilage V.

und Sibrand von Ellsum, verpflanzte im J. 1444 aus unbekannten Ursachen die Nonnen nach Thebingen und Marienthal: — wohl wieder Grund zur Vermuthung, daß alle drei Klöster einem Orden angehörten. — Syhlmönken wurde dagegen mit regularen Chorherren, nach der Regel des heil. Augustinus besetzt, und von nun an durch Priore regiert [6]).

Im J. 1481 nahmen der Prior Johannes und seine Brüder das Frauenkloster zu Coldinne in die Gemeinschaft ihrer guten Werke und ihrer Gebete auf [7]).

Zwischen dieser frommen Handlung und der Reformation von 1444 müßte der Aufenthalt des gelehrten Rudolph Agricola in Syhlmönken fallen, wenn er sonst stattgefunden hat [8]). Denn Agricola hielt sich seit 1482 in der Pfalz auf [9]).

Unter dem Prior Arnoldus von Wesel, der schon im J. 1493 Vorsteher war, wurde die Klosterkirche neu erbaut. Er sagt bei dem Verkauf der 24 Grasen Landes in der Feldmark Hamswerum, welche dem Stift durch Jarig von Hamswerum geschenkt waren, an das Kloster Langen, der Verkauf geschehe mit Einwilligung des Schenkers »zum Nutzen unserer neuen Kirche« [10]). Die neue Kirche wurde im J. 1505 am Tage Georgs und Victors eingeweiht [11]). Ob Arnold dieses erlebte, ist unbekannt. Im J. 1501 war er noch Prior [12]).

---

[6]) Von der Reformation, *Beninga* chr. S. 323. *Emmii hist. p. 357.*

[7]) Siehe bei Coldinne.

[8]) *Harckenroth in bibl. brem. class. VI. fasc. p. 358. seq.* behauptet ihn.

[9]) *Bayle dict. s. v. Agricola.*

[10]) Urkunde in dem Langenschen Urk.-Buch. *Fol.* 116.

[11]) *v. Wicht ann. ad a.*

[12]) Siehe bei Marienkamp.

Einer seiner Nachfolger war Jacobus Clivis (wahrscheinlich von Cleve) früher in Marienkamp. Er nahm im J. 1528 das Zeugniß eines Bauers, Menne zu Pewsum, darüber auf, daß Mense von Groothusen, aus dem Geschlecht der Häuptlinge zu Nordorp, bei welchem Jürgen in Dienst gestanden, am Tage vor seinem Tode, jedoch »noch »stehend und durch sein Haus gehend und auf sein Gut »sehend,« durch M. Johann, Pastor zu Uttum, sein Testament habe schreiben lassen [13]). — Auch verkaufte Prior Jacob und sein Procurator Diederich von Zwoll das Haus auf dem Kloster-Vorwerke zu Loquard an den Pächter für 300 Emder Gulden [14]).

Ihm folgte jener Diederich von Zwoll, der 1532 Prior war. Später kam Heinrich von Vollenhove, der ungefähr 1548 starb, und nach diesem Thomas von Zütphen [15]), wahrscheinlich der letzte Prior.

Thomas unterschrieb mit dem Probst von Langen und vielen Edlen die Deichordnung der Gräfin Anna vom J. 1556. Er lebte noch 1569. Unter ihm waren Johan Horstius und nachher Johannes Dulmann, Subprioren, von welchen der letztgenannte, im J. 1556, das ostfriesische Land-, Deich- und Syhl-Recht, nach dem im Kloster Aland vorhandenen Buche abschrieb [16]).

Unter Diederich von Zwoll, oder seinem unmittelbaren Vorgänger, legte Junker Balthasar von Esens das Kloster im J. 1531 in Asche, doch muß es bald wieder erbauet oder nur zum Theil abgebrannt seyn, denn

---

[13]) Das Document soll unter den Papieren des in den bürgerlichen Unruhen berühmt gewordenen Herrn von der Appelle gewesen seyn.

[14]) Die später, 1532, ausgestellte Urkunde soll in einem Prozeß in S. Schuirmann c. v. Blechen beigebracht seyn.

[15]) *Harckenroth in bibl. brem.* a. a. O.

[16]) Vorrede zum Ostfr. Land.-R. S. 200.

im J. 1538 versammelte Graf Enno die Vornehmsten des Landes zu Syhlmönken, um über die Streitigkeiten mit seinem Bruder Johann zu verhandeln [17]).

Wann das Kloster aufgehoben sey, ist nicht genau bekannt. Die Gebäude, ehemals die schönsten in Emsland, sind nach und nach abgebrochen. Statt ihrer sind herrschaftliche Höfe gekommen, gleichwie alle Güter des Convents der Domaine zugefallen sind.

Diese Güter sind ohne Zweifel nicht unbedeutend gewesen. Die Schenkung von 24 Grasen ist schon erwähnt. Gräfin Theda vermachte dem Kloster 100 Rheinische Gulden zu ewigen Fürbitten. In Loquard besaß es nach dem oben Angeführten ein Vorwerk. Die von ihm herrührenden Ländereien sind noch jetzt in mehrere Wirthschaften vertheilt.

Das Kloster führte im Siegel, nach einer vorhandenen Beschreibung, ein Pferd, auf welchem ein Mann sitzt, und hinter welchem ein Mann mit einer Fahne steht, unten herum Buchstaben, die nicht mehr kenntlich sind [18]). Vielleicht war der Reiter der heil. Martin, und dasjenige, welches der Beschreibende für eine Fahne ansah, ein Gewand, mithin das Ganze der Heilige, der mit dem Bettler sein Kleid theilt.

---

[17]) Wiarda Ostfr. Gesch. Th. 2. S. 434.

[18]) Der Beschreiber ist der Notar Eggena, der die Abschrift beglaubigte, welche von der Anm. 14 gedachten Urkunde in dem dort erwähnten Prozesse übergeben wurde. Seine Angabe stimmt ganz mit dem Siegel, welches unter der Urkunde vom Jahre 1481, Coldinne betreffend, zu sehen ist. Weil aber auch in diesem die Figuren schlecht dargestellt sind, so bleibt die Bedeutung immer ungewiß.

III.
Coldinne.

Coldinne war ein Kloster der regularen Schwestern des Augustiner-Ordens. Es lag im Kirchspiel Arle, südlich vom Dorfe dieses Namens, und hieß: der Convent zur wahren Minne.

Die Zeit der Stiftung ist unbekannt. Wahrscheinlich fällt sie, wenigstens die Besetzung mit Augustinerinnen, in die Zeit, in welcher Marienkamp und Syhlmönken den Brüdern des Ordens eingeräumt wurden, also in die erste Hälfte des 15ten Jahrhunderts. Mit dem Convent zu Syhlmönken stand Coldinne in so inniger Verbindung, daß der Prior des erstern, Johan von Purmerend und seine Untergebenen im J. 1481, am Tage der 11000 Jungfrauen, die Schwestern von Coldinne, weil sie zu dem Kloster Syhlmönken und den dortigen Brüdern sonderliche große Minne und Gunst hatten, in ihre ewige Brüderschaft aufnahmen und aller ihrer guten Werke bei Tage und bei Nacht theilhaftig machten [1]).

Das Kloster stand unter einer Vorsteherin, Mater, und neben dieser auch unter einem männlichen Regenten, der bald Pater, bald Rector genannt wird.

---

[1]) Die Urkunde im Anhang, Beilage IX.

Außer der Nachricht von jenem geistlichen Bunde hat sich von den Begebenheiten des Convents Weniges in Andenken erhalten.

Im Jahre 1487 hieß der Vorsteher Heinrich. Am Tage nach 3 Königen verliehen Marckel Engenna und Genossen für die Bauern von Laydemer Beer, ihm und dem Kloster gewisses Land, mit der Bedingung, daß jährliche Heuer bezahlt, diese aber erhöht werde, sobald andere „Teele" der Gegend, in der Heuer erhöht würden.

In demselben Jahre, zwei Tage nach Mariä Himmelfahrt, tauschte derselbe Marckel Engenna 8 Diemathe in der Blandorfer Meede, gegen anderes Land in der Gaster Meede, ein und schenkte sie dem Kloster zum ewigen Andenken im Seelenbuch.

Im J. 1489 schenkte abermals derselbe dem Convent 18 Diemathe im Gaster Theen zum Besten einer Stiftung, nach welcher in jeder Woche, zu seinem und der Seinigen Heil, unserer lieben Frauen eine Messe gelesen oder gesungen werden sollte.

Im J. 1502 war Rötger von Steinfurth Rector. Ihm und dem Convent verkauften damals Meynt Hockena zu oder bei Norden 10 Theele im Ledemer Theel, im Kirchspiel Nesse, belegen und schenkten ihm die eilfte dazu.

Sein Nachfolger war im J. 1507 Johannes Weert. Eine Wittwe zu Utarp (Utdorf) schenkte ihm und seinem Kloster ein Moor.

Im J. 1519, unter dem Pater Arnold von Deventer, entstand Streit zwischen den gemeinen Bauern im Hover Theen und dem Pastor des Hover Lehns einer, und dem Convent andererseits, wegen 87 Diemathe Landes, welche das Kloster gebrauchte, und, zum Nachtheil des Lehns, nur für 25 Theelen bezahlte, und wegen 5 Theelen, welche das Kloster ohne Recht besitzen sollte. Die Sache wurde durch geistliche und weltliche Schiedsfreunde beglichen, Coldinne behielt die 5 Theelen gegen eine gewisse Abgabe an den Hover Pastor und der Preis der Nutzung der 25 Theelen wurde festgesetzt.

Im J. 1521 erfolgte vom Grafen Edzard, zu Berum, rechtliche Entscheidung zwischen Coldinne und Marienthal, über den Besitzstand und den Gebrauch einer Weidefläche, welche beide Theile, Coldinne zur eignen Benutzung und Marienthal für das Vorwerk Terheide, sich aneigneten.

Im J. 1523 schenkten zwei Leute zu Norden, dem Pater Arnold und dem Convent 22 Aecker mit Unland und Reetland, belegen im Osten des Blockhauses, nahe bei der Landscheidung an Hero Omken Land (dem jetzigen Amte Esens).

In demselben Jahre erhielt das Kloster auch eine Theele Landes in der Neugroder Theel.

Die Wirkungen der Reformation werden sich auch hier bewiesen haben. Denn Graf Johan beklagt sich im J. 1557, daß den armen Jungfrauen zu Coldinne täglich Ueberlast, Schaden und Kosten gemacht würden und befiehlt, sie im ruhigen Besitz ihrer Güter zu lassen, so lange sie die Heuer bezahlen.

Dieses ist Alles, welches sich vorfindet [2]). Die angeführten Verhandlungen sind zwar an sich unbedeutend, indessen in so weit merkwürdig, daß sie zum Theil die Theelverhältnisse berühren. Die Dunkelheit, welche die uralte Theelacht bedeckt, wird es entschuldigen, wenn einige kurze Anmerkungen hier beigefügt werden.

Die Theelacht bezieht jetzt ihre Einkünfte lediglich aus Grundzinsen und Erbpachten gewisser Ländereien, welche, bei jeder der 8 Abtheilungen oder Theelen, in einer besondern Gegend des Amts Berum belegen sind. Daß sie früher nicht blos das Obereigenthum jener Ländereien, sondern selbst das volle Eigenthum an unbeweg=

---

[2]) Alles nach Original-Documenten im Archiv. Siehe auch S. 36.

lichen Gütern gehabt habe, scheint aus den angeführten Nachrichten klar hervorzugehen. Man wird annehmen dürfen, daß die Zeitpacht dieser Güter allmählig in beständige und in Erbpacht übergegangen sey. — Von den 8 Theelen trifft man hier zuerst die Ledemer an. Obgleich deren Name sich jetzt nicht vorfindet, scheint die Linteler Theel gemeint zu seyn, weil in dem Document von 1523 die Lintelermarsch als Lindenmarsch vorkommt. Nach dem von 1502 liegen die Ländereien der Ledemer Theel jedoch im Kirchspiel Nesse, woselbst die jetzige Linteler Theel keine Grundzinsen hat. Es könnte daher im Worte Ledemer der dunkle Name der Ebertheel verborgen seyn, welche in jenem Kirchspiel ansässig ist. — Die Gaster Theel und die Neugroder sind noch bekannt. Eben so die Hover. — Wo ist aber die Gemeine der Hover Theel zu suchen, welche einen eigenen Pfarrer hat? Die eine Pfarre zu Norden wurde sonst wohl die Osthover genannt. Sollten früher in dieser Stadt verschiedene Kirchsprengel gewesen seyn? Eine Osthover Theel giebt es heute auch noch.

Aus allen den oben bemerkten Verbindungen, in welchen das Kloster Coldinne mit der Theelacht kam, mögen jetzige Verhältnisse sich herschreiben lassen. So, aus den Schenkungen einiger Theelen, ein Theil der Theelen, welche die Domaine noch besitzt und, aus dem Vergleich mit den Hover Bauern, die Theelheuern, welche auf dem Coldinner Grashause haften; wenigstens gehören die Einkünfte der Theelacht aus diesem in der That zur Hover Theel.

Besagtes Grashaus kam mit allen andern Besitzungen des Klosters nach der Aufhebung desselben in die Hände des Landesherrn, die Grundstücke sind zum Theil an Privatpersonen in Erbpacht verliehen, ein Hof ist noch im Besitz der Domaine.

Prämonstratenser-Klöster.

I.
Palmar.

Zum Andenken an ein ganz verschwundenes Land, mußte unter den Ostfriesischen Klöstern auch Palmar erwähnt werden, wäre von dessen Besitzungen auch nichts mehr vorhanden.

Das Kloster Palmar lag im Westen einer, vom Logumervorwerk nach Bellingwolde, und im Süden einer, von Mariencoor nach Wagenborgen gehenden Linie, also im Herzen des jetzigen Dollarts, zugleich im Osten des Tjammeflusses, so daß es zu Reiderland gehörte[1]. Es war ein Nonnenstift, Prämonstratenser-Ordens, unter einem Probst und führte auch den Namen: Porta major; vielleicht war es dasselbe, welches anderwärts »Porta Frisiae orientalis« heißt.

Seine Errichtung darf nicht eher als in die letzte Hälfte des 12ten Jahrhunderts gesetzt werden, weil im J. 1163 das erste Prämonstratenser-Kloster in Westfriesland, zu Mariengaard, gestiftet wurde, und von diesem aus der Orden sich weiter gen Osten verbreitete[2]. Daß Palmar jedoch vor dem J. 1277 erbaut seyn werde, leidet keinen Zweifel, weil in diesem Jahre der erste Einbruch des Dollarts erfolgte, und in den folgenden eilf Jahren,

---

[1] Bei Allem, welches die Lage und Umgebung betrifft, siehe die Charte zu Beilage I.
[2] *Schotanus gesch.* S. 101.

in welchen die dortige Gegend von einer Ueberschwemmung nach der andern heimgesucht wurde, kein Kloster daselbst entstanden seyn wird. Im J. 1288 hatte Palmar eine Bevölkerung von 190 Köpfen [3]). Der Convent war nicht unbegütert. Er besaß einige Vorwerke in der Provinz Groningen, Ländereien in seiner nächsten Umgebung und das Gut Boneburg bei Groothusen, welches noch im 15ten Jahrhundert durch einen Zuwachs von 15 Grasen vergrößert wurde [4]).

Von seiner Geschichte ist nichts bekannt, als sein Untergang. Der erste Einbruch des Wassers in das nachher versunkene Land geschah im Nordosten des Klosters, in einer Entfernung, welche groß genug, um dasselbe vor den unmittelbaren Anfällen der Wogen zu bewahren. Auch später, wie die Fluthen sich wiederholten, blieb Palmar und alles, welches sonst am weitesten nach der Gröninger Seite lag, noch stehen. Man versuchte diesem in dem Bündniß zwischen Focko Ukena, seinen Bundesgenossen und denen von Groningen im J. 1428 zu Hülfe zu kommen, indem man einen Deich von Westerreide an, in der Richtung nach den Wolden, also in südlicher Streckung, zu legen beschloß. Ob derselbe Palmar und den ganzen noch übrigen Theil Reiderlands mit habe einschließen sollen, ist ungewiß. War es die Absicht, so muß er nicht zu Stande gekommen seyn, denn das Kloster sah sich genöthigt zu Kaideichen um seine Ländereien, Zuflucht zu nehmen. Es bedurfte besondern Schutz, weil sein Boden morastig und bargig war. Zuletzt konnte es sich nicht länger halten. Da traten acht Tage nach Epiphaniä des Jahres 1447 die Aebte zu Werum (zwischen Groningen und Appingadam) und St. Bonifazii zu Dockum, beide

---

[3]) Wiarda ostfr. Gesch. Th. I. S. 267 und die dort genannten Quellen.

[4]) Langensche Urk.-Samml. *Fol.* 37.

desselben Ordens, zusammen, und theilten, unter Einwilligung ihrer Convente, die sämmtlichen Besitzungen und Bewohner des Klosters Palmar dergestalt unter sich, daß das Kloster zu Dockum das Gut Boneburg, Werum aber alle Ländereien in der Nähe des Stiftes mit der Last der ihnen obliegenden Deiche und Deich=Beiträge erhielt, und daß Werum fünf Nonnen und einen Laienbruder, St. Bonifazii aber den Probst Folkert und das übrige weibliche Personal zum lebenslänglichen Unterhalt übernahm, von beiden Seiten jedoch, für den Fall anderslautender Verfügung des Ordenskapitels, die Zurückgabe der vertheilten Güter versprochen wurde. Sieben Jahre später, 1454, am Montage nach Cantate, vereinigten die Stadt Groningen und die Vornehmsten des Oldamts sich zur Anlage eines Deichs zwischen Palmar und Finsterwolde, und zwar im eignen wohlverstandenen Interesse, weil sie nur auf diese Weise ihre Gegend schützen konnten. Der Deich kam auch in der That zu Stande und fristete für einige Zeit das Daseyn Palmars, so daß es zu Anfang des 16ten Jahrhunderts noch dastand, ohne jedoch, so viel man weiß, wieder als Kloster gedient zu haben. Neue Fluthen zerstörten nach und nach auch jenen Deich, so daß gegen das Jahr 1520 man die Gewässer nicht mehr abhalten konnte, und Palmar verloren ging [5]).

Das Gut Boneburg wurde vom Kloster zu Dockum, bald nach der Vertheilung an den Probst Johannes Brewolt in Emden verkauft. Von diesem kam es in der Folge an das Kloster Langen [6]).

---

[5]) Siehe Beilage I. am Schluß und den Vertrag vom Jahre 1447, in der Beilage X.

[6]) Siehe weiter bei Langen.

II.
Langen.

Die Geschichte des Klosters Langen kann ausführlicher gegeben werden, als die irgend eines andern in Ostfriesland, weil von diesem Stift die meisten Urkunden erhalten sind. Das Archiv zu Aurich verwahrt mehr als hundert Original-Documente, und, neben den Abschriften vieler derselben, in einem besondern Buch auch die einer noch größeren Zahl, deren Urschriften verloren gegangen sind, und mit ihnen verschiedene schätzbare Nachrichten aus der Vorzeit. Jenes Buch, in Quarto, führt auf dem pergamenten Umschlag, dem Bruthstücke einer handschriftlichen Auslegung des 68sten Psalms in lateinischer Sprache, die Aufschrift: Ankompste der goederen des Convents toe Langhen hodie Blawhuis in de kromme horn ab ao 1348 ad annum 1519, und enthält auf 133 Blättern abschriftliche Urkunden mit allerhand zerstreuten Bemerkungen untermischt, alles von mehr als einer Hand verfaßt, indessen durchaus der Zeit angehörend, in welcher das Kloster noch bestand. Zwei zwischen den Blättern eingeschobene Zettel enthalten auch noch Etwas. Neben diesen Stücken besitzt das Archiv ein, ebenfalls in Pergament geheftetes, zu Anfang des 16ten Jahrhunderts geschriebenes, Inventar der unbeweglichen Güter des Klosters, in der Handschrift mit vielen Stellen der Urkundensammlung übereinstimmend.

Wahrscheinlich ist es die Arbeit des Probstes Johan von Bommel oder eines seiner Zeitgenossen und Untergebenen. Der vormalige Conrector Andreä zu Norden besaß es, woher? erhellt nicht, und schenkte es im Jahre 1763 dem Consistorio zu Aurich, welches ihm 12 Reichsthaler als Belohnung gab.

Langen war ein Prämonstratenser-Stift im jetzigen Amte Emden belegen, und dem heil. Jacob gewidmet, zunächst zwar für Nonnen bestimmt, zum Theil aber auch mit Männern besetzt, regiert von einem Probst und, unter diesem, von einer Priorin.

Es hieß auch Blauhaus, und der Ort, an welchem es stand, ist unter diesem Namen im Kirchspiel Woltzeten noch vorhanden. Es war jedoch an einer andern Stelle gegründet und blieb daselbst längere Zeit. Wo diese Stelle gewesen sey, ist zuerst zu beleuchten:

Vormals war ein Dorf Langen, dessen Kirche dem heiligen Nicolaus geweihet war, ja welches eigene Häuptlinge hatte, Enno und Ulbodus, 1387, Campo Ukana, 1398 und Ayso 1426 [1]). Die Wahl jenes Heiligen zum Patrone der Kirche deutet schon auf Nähe der Fluthen und in der That lag der Ort am Ufer der Ems. Denn er war kein anderer, als das früher im Süden des Loegumer Vorwerk stehende, durch letzteres und den Hoek von Logum bis jetzt in Andenken erhaltene, im Jahre 1591 ausgedeichte und später ganz untergegangene Dorf Logum oder Loge. Nicht allein hatte in diesem die Glocke

---

[1]) Urk.-Samml. *Fol.* 68ᵇ. *Fol.* 26, 27 und 29 und Original von 1426. An diesem ist Ayso's Siegel, ein Reiter mit niederwärts liegender Lanze, an welcher ein Fähnlein.

der Kirche denselben Schutzheiligen, wie in Langen die Kirche selbst ²), sondern es wurde das Logumer Vorwerk, auch Langer Vorwerk und Langener Vorwerk genannt ³). Das Kloster Langen lag ebenfalls in der Nachbarschaft des Deiches, und ein unweit von jenem befindlicher Weg, der Mönchenweg, war zwischen Logumer Vorwerk und Rysum nachher noch vorhanden ⁴). Endlich wird ausdrücklich bezeuget, daß das Kloster in der Gegend von Loge gelegen habe ⁵). Ursachen genug, dasselbe in den ersten Jahrhunderten seines Daseyns bei dem versunkenen Dorfe Logum anzunehmen.

Die Verlegung in das Kirchspiel Woltzeten, nach Blauhaus, erfolgte zu Anfang des 16ten Jahrhunderts, und in so weit hat Emmius Recht, wenn er das Kloster das jüngste von Allen nennt. Die Ursache der Veränderung wird die Gefahr gewesen seyn, welche der alten Ansiedelung, vom Wasser, drohete, im 15ten Jahrhunderte schon vorhanden war und in den letzten Zeiten des Convents stets dringender wurde.

Das Jahr der Erbauung zu Langen ist unbekannt. Aus dem bei Palmar angeführten Grunde darf es nicht gut vor 1163 gesetzt werden. Die Stiftung wird um so mehr den Ordensleuten im Westen der Ems zuzuschreiben seyn, als sonst die unten zu erwähnende Abhängigkeit von einem dortigen Kloster sich nicht erklären läßt. Im Jahre 1250 war Langen schon in Ansehen. Denn sein Probst schloß die Sühne zwischen den Ostfriesen und Bremern

---

²) *Harckenroth* oorspr. S. 298.

³) Unter andern auch in den Archival=Acten in *S. J. Mennen & Cons. c. generalem.*

⁴) *Harckenroth* S. 757. Nach *Fol.* 31 der Urk.=Samml. lag der Weg in der Langener Hamrich.

⁵) Das Inventar und *Matthaei anal. P. IV. p. 225.*

damals mit ab. In der Urkunde wird er genannt: Probst von Langhen oder Sigeberch. War letzter Name etwa der Seinige? — Eben so war im J. 1276 der Probst Guido unter den Vermittlern des Faldernschen Friedens. — Im J. 1288 wurden, der schlechten Zeiten ungeachtet, 160 Köpfe im Kloster gezählt⁶).

Von diesem Jahre an ist eine Lücke bis 1333. Dann wird man aber in den Stand gesetzt, die Pröbste bis zum Ende des Convents vollständig anzugeben.

Im Jahre 1333 war Probst Johannes im Amte. Er bauete damals, am Vorwerk zu Wierden, ein großes Gebäude mit steinernem Dach (wohl noch eine Seltenheit), und im folgenden Jahre eine Kapelle für die im Vorwerk wohnenden Brüder und Schwestern. Beides kostete, mit Einschluß der eigenen Arbeiten, 245 alte Schilde⁷). Im J. 1335 erlebte er eine schreckliche Pest, welche vom Tage vor Egidien bis Michaelis, also in 4 Wochen, 50 Conventualen wegraffte, so daß die Lebenden kaum im Stande waren, die Todten zu begraben⁸). Der Probst starb 1352 und hinterließ dem Kloster vieles Silbergeschirr, für sich aber den Ruf eines guten und beredten Mannes, obgleich er aus Liebe zum Frieden dem Hause weniger genutzt hatte, als er vielleicht wohl gekonnt hätte⁹).

Ihm folgte Onno, starb aber schon 1355¹⁰). In seinem Sterbejahr erhielt das Kloster für ein ihm durch Ubbo Abckena zu Husum weggenommenes Pferd, von dessen Schwester, Fosse, 10 Grasen Landes¹¹).

---

⁶) Wiarda, Th. 1. S. 266 und die S. 267 angeführten ältern Nachrichten.

⁷) Urk.-Samml. *Fol.* 3.

⁸) Daselbst. Unsere Geschichtschreiber schweigen von dieser Pest.

⁹) Daselbst.

¹⁰) Daselbst. *Fol.* 5ᵇ.

¹¹) Daselbst.

Nach Onno kam Hero, früher Priester in Klein-Borssum und aus Emden gebürtig[12]). Unter ihm erwarb das Kloster vieles Land, dafür nahm er aber auch wohl die Schenkenden in die Brüderschaft des Stifts auf und versicherte sie derselben mit Stola und Buch, ja ließ sie im Ordensgewand begraben[13]); gleich wie reuige Sünder zur Sühne ihrer Frevel das Kloster bedachten oder gar mit ihrer Habe eintraten und dem Convent die Entschädigung der Beleidigten zur Pflicht machten. Jenes that Ecca, Liuwards des Aeltern zu Emden Wittwe, welche am Altar St. Johannes des Täufers in der Klosterkirche eine Präbende zum Andenken eines Priesters zu Geerdsweer stiftete, weil sie aus dessen Nachlaß Güter an sich gezogen hatte[14]); dieses Folkildis, des Lyudard von Petkum Wittwe, mit der Bedingung, von dem Werth ihres goldenen Gürtels, ihrer goldenen Padel und eines Ringes, dem Kloster zu Reide 14 Marken, zur Vergütung desjenigen zu geben, welches diesem beim Leben ihres Mannes weggenommen worden[15]). Selbst für das Begräbniß im Kloster geschahen Vergabungen[16]). Durch dieses Alles wurde der Probst fähig gemacht, nicht nur das Gut zu Nesse mit einem 60 Mark kostenden breiten Graben zu umgeben[17]), sondern auch andern Stiftern mit Geld beizuspringen. So lieh er im J. 1382 den Franziskanern zu Emden 63 goldene Schilde gegen Verpfändung des

---

[12]) Urk.-Samml. *Fol.* 6 und 16.

[13]) In dem J. 1356 u. 1358. Urk.-Samml. *Fol.* 6 u. 8.

[14]) 1351 am St. Bonifaz-Tage. Urk.-Samml. *Fol.* 9.

[15]) 1354 am Michaelisfeste. Urk.-Samml. *Fol.* 11. Die Padel, *Padula*, ist das sogenannte Ohreisen der Friesischen Frauen, auch *Fol.* 23^b als *mitra & lamina* umschrieben.

[16]) Origin.-Urk. von 1377; auch Urk.-Samml. *Fol.* 21.

[17]) Urk.-Samml. *Fol.* 16.

Decrets und anderer Bücher, welche an Langen fallen sollten, wenn das Darlehn zu rechter Zeit nicht bezahlt wurde [18]).

Wichtiger war im Sommer 1370 der Beschluß der zu Larrelt versammelten Häuptlinge und Hausleute aus der Nachbarschaft, durch welchen das Kloster von der Gewalt der Deich= und Syhlrichter, bei Einforderung des Schosses, mehr oder weniger, ausgenommen und die Leistung der Beiträge von seinem Lande ihm selbst überlassen wurde [19]); ferner: daß im J. 1374, am Tage der Himmelfahrt Mariä, Langen mit Aland von dem Kloster St. Johannes des Evangelisten zu Marne in Groningerland aller Botmäßigkeit, Gewalt und Untersuchung, welche dasselbe bisher über sie gehabt hatte, entlassen wurde [20]).

Von der andern Seite fehlte es nicht an Verdruß. Ein Angehöriger des Klosters tödtete eine Frauensperson, und der Convent mußte im J. 1369 den Verwandten das Wehrgeld bezahlen. Ein anderer verstümmelte einen jungen Menschen zu Nesse am Fuß; das Kloster hatte im J. 1372 den Schaden nach den Satzungen des Reiderlandes (zu welchem Nesse damals gehörte) zu vergüten. Zwei Jahre früher entwendete ein Diener des Stifts das dem Probst in Verwahrung gegebene Geld eines Einwohners von Langen und entfloh. Der Kellner Folkard setzte ihm nach und traf ihn zu Deventer. Obgleich der Dieb gehenkt wurde, war das Gestohlene doch nur zum Theil zu retten, weil die Obrigkeit Vieles an sich nahm. Kaum entging das Kloster dem Anspruch des Eigenthümers auf Entschädigung. Diese wurde im J. 1376 von dem Vice=Decan zu Husum ebenfalls verlangt, weil er einige Be-

---

[18]) Urk.=Samml. *Fol.* 23ᵇ.

[19]) Zwei Original=Documente, eines von 1370, das andere ohne Datum. Siehe Beilage XI.

[20]) Urk.=Samml. *Fol.* 17.

wohner des Convents der Wissenschaft an der Veruntreuung beschuldigte, welche seine Magd Thialpe gegen ihn begangen hatte; doch beseitigte der Abt von Syhlmönken die Sache. Auch müssen einmal Schutzverwandte oder Anhänger Langens durch den Häuptling Tammo Ewinga von Lyuddingast gefangen genommen seyn; denn Folkard, der Kellner, erhielt im Jahre 1380 Quitung wegen des Lösegeldes, für welches er sich verbürgt hatte. Endlich entstand im J. 1381 Streit wegen des Nachlasses einer Nonne Reynsedis, Schwester des Häuptlings Friedrich von Borssum, welcher durch Vergleich das Geschmeide der Verstorbenen, gegen Auskehrung von 50 Mark, zurück erhielt [21]).

Zu damaliger Zeit war neben dem Kellner Folkard, der früher Vicedecan zu Hinte gewesen, ein Focco Prior, und eine Edle aus Reiderland, Occa, wie es scheint, die weibliche Vorsteherin [22]).

Hero starb im J. 1383 am Barnabas-Tage. Die Urkundensammlung rühmt ihn des Nutzens halber, den er dem Kloster schaffte [23]).

Sein Nachfolger war Folkard, vielleicht der oben Genannte. Er sorgte gleichmäßig für Erweiterung des Klosterguts und wußte, im J. 1386, die Häuptlinge Gebrüder Liuduard und Reduard zu Westerhusen zur Herausgabe des dem Convent entrissenen Vermögens ihrer Schwester Debba, vormals mit Sybrand Ayldesna zu

---

[21]) Beweise in der Urk.-Samml. *Fol.* 12ᵇ, 16ᵇ, 13, 20ᵇ und 23: die Gefangenen von 1381 waren *terre Emisgonie*. — Ob Lyuddingast, das jetzige Lütjegast, im Kirchspiel Jhrhove, und Tammo Ewinga Vorfahr des gleichnamigen Häuptlings zu Petkum ist, der mit den Abdena zu Emden verwandt war?

[22]) Urk.-Samml. *Fol.* 16.

[23]) Daselbst. *Fol.* 24ᵇ.

Drewert verehelicht, zu bewegen ²⁴). Auch erwarb er verschiedene Reliquien. Denn im Jahre 1387 legte er ein Stück des Schweißtuches des Evangelisten Johannes, Ueberbleibsel des Apostels Thomas, der Heiligen Lorenz und Gregor und der 11,000 Jungfrauen, auch ein wenig Blut des h. Bonifaz, in das Bild der Mutter Gottes auf dem Hauptaltar zu Langen. Ueberdem waren in dem Bilde des h. Nicolaus, in der Kapelle zu Resse, Ueberreste desselben und des Evangelisten Matthäus, sodann in dem Bilde des letztern und in einem Kasten der heil. Jungfrau, Stücke der Kleider vieler andern Heiligen, deren Namen Gott nur wußte.²⁵).

Der Probst war mit seinem Kloster in dem Bunde vieler Geistlichen und Laien gegen die Umtriebe des Minoriten Wigbold aus Groningen, der im Namen des Cardinals von Ostia Erpressungen ausübte, und vollzog mit jenen die Urkunde vom 12. Februar 1392, durch welche die Prälaten versicherten, des Vereins ungeachtet, dem Stuhle Petri nicht zu nahe treten zu wollen ²⁶).

Folkard starb am 9. März 1394 ²⁷). Nach ihm wird Yppo, jedoch zum ersten und einzigen Male im Jahre 1404 als Probst erwähnt ²⁸). Er scheint früher Aufseher des Vorwerks bei Borssum gewesen zu seyn, wenigstens wird als solcher, im Jahre 1382, ein Hippo genannt ²⁹). In dem angeführten Jahre, 1404, machte ein Geistlicher, Hayo, Forderungen an Langen, von Erbe und Gutes

---

[24]) Urk.-Samml. *Fol.* 26.

[25]) Das. und *Fol.* 27. Die unbekannten Heiligen waren *quorum nomina Deus scit.*

[26]) Siehe Beilage V.

[27]) Urk.-Samml. *Fol.* 28.

[28]) Daselbst. *Fol.* 31.

[29]) Daselbst. *Fol.* 24ᵇ.

wegen, welche Keno ten Brock durch Vergleich vermittelte [30]).

Erst im Jahre 1412 kommt die Wahl eines andern Probstes vor. Von Folkards Tode bis dahin vermehrten sich die Besitzungen des Klosters durch Geschenke zum Heile Verstorbener oder zur Erlangung geistlicher Gunst [31]). Der Häuptling Rembodus von Großborssum gab 8¼ Grasen Landes für die Aufnahme seiner Tochter Elwer, welche, nach ausdrücklicher Bedingung, im Lesen und Singen unterrichtet werden sollte [32]).

Umgekehrt blieb der Convent nicht ohne Anfechtung. Die Leute des Häuptlings Campo zu Langen entweiheten den Klosterkirchhof. Ihr Gebieter mußte es jedoch, durch Mitwirkung des Probstes Hisko zu Emden, im J. 1398 büßen und für die Entschädigung 6 Grasen Landes verpfänden [33]). Wahrscheinlich hatte man auch von größern Fehden in der Nachbarschaft zu leiden. So als im Jahre 1401 am Petronellen-Tage die Burg zu Oldersum feindlich eingeschlossen, am Tage St. Bonifaz die Burg Folkmars zu Osterhusen belagert und zerstört, dann am Tage Perpetuus und Felicianus die Burg Enno's zu Larrelt gebrochen und verbrannt, endlich am Kilians-Tage die zu Faldern verwüstet wurde. Die Urkundensammlung giebt nichts weiter als diese einfache Anzeichnung [34]). Die Begebenheiten jenes Jahrs fallen aber in die Zeit, in welcher die Hamburger die hierländischen Edlen wegen der

---

[30]) *Pape haye*, Origin.-Urk. von 1404 am Tage Sixti ꝛc.

[31]) Urk.-Samml. *Fol.* 29ᵇ bis 33 unter andern ein Stück *Phanes* (Fehn) im Saterland.

[32]) Urk.-Samml. *Fol.* 30.

[33]) Daselbst.

[34]) *Fol.* 30 auch heißt es: *in eadem estate — Enno capitalis reversus fuit in Hlert* (Larrelt). — War er etwa gefangen gewesen?

Begünstigung der Victualienbrüder bekriegten, Emden in Besitz nahmen und Groothusen und Wittmund eroberten. Zu den Freunden der Seeräuber gehörten namentlich die Häuptlinge zu Osterhusen, Larrelt und Falbern, und daß die Burgen der beiden letztern gerade in jenem Krieg eingenommen seyn müssen, scheint aus dem Umstande hervorzugehen, daß sie demnächst von den Hamburgern dem Hisko von Emden überliefert wurden [35]). Mit dem eben genannten Häuptling Enno von Larrelt (der im J. 1407 am Fest der Beschneidung starb) stand das Kloster stets in sehr gutem Vernehmen [36]).

Im J. 1412 wurde Poptatus von Ripen zum Probst erwählt [37]). Unter ihm dauerten die Vergabungen fort und das Kloster war reich genug, im Jahre 1429, sämmtliche Gebäude mit einem neuen Graben zu sichern, der, außer der Kost der Arbeiter, 400 Hamburger Mark oder 600 Rhein. Goldgulden erforderte [38]). Es mochte dieses nöthig seyn, weil die Häuptlinge zu Larrelt dem Kloster nicht mehr so freundlich waren. Sie hatten wenigstens mit Imel von Grimersum demselben Getreide weggenommen, und wurden im J. 1426 durch den Rath zu Groningen, in dessen Ausspruch zwischen Occo ten Brock und Focke Ukena und deren Freunden, zur Genugthuung verurtheilt [39]).

Aus unbekannten Ursachen nahm die Bevölkerung des Convents bis zum J. 1434 so ab, daß man beschloß, die ganze Stiftung dem Abt der Cisterzienser zu Menterne zu

---

[35]) Traziger, angef. bei Wiarda Ostfr. Gesch. Th. 1. S. 367, und Wiarda selbst S. 369.

[36]) Urk.-Samml. *Fol.* 34^b.

[37]) Das. *Fol.* 32.

[38]) Das. *Fol.* 33, 34^b.

[39]) Brenneysen Th. 1. Bd. 2. S. 43.

überlassen und das Haus anderweit mit Prämonstraten=
sern, nöthigenfalls mit sonstigen Geistlichen, zu besetzen,
und den jetzigen Bewohnern nur ein Unterkommen zu
Werden zu gönnen [40]). Die Sache kam jedoch nicht zur
Ausführung, Poptatus blieb bis zum J. 1437 Probst und
dankte dann ab [41]).

Sein Nachfolger war Sibrand von Petkum,
Priester zu Langen [42]). Er verglich sich mit Liuppold
von Rysum, im J. 1438, wegen der Güter, welche Häupt=
ling Ayso von Langen dem Kloster vermacht hatte [43]), und
erwarb vom Probst Johan Bredewold zu Emden, 1447,
das bis vor kurzem dem Stifte Palmar gehörende Gut
Boneburg für 600 Rhein. Goldgulden, von welchem 200
sofort bezahlt wurden [44]). Sibrand, unter welchem ein
Bruder Matthias Prior war, starb im J. 1449 [45]).

Im folgenden Jahr wählten die Conventualen beider=
lei Geschlechts Ayto oder Aytatus von Larrelt, bisher
Pfarrer zu Twirlum. Er reisete zu Fuß zum Mutter=
kloster des Ordens in Frankreich, um sich der Wahl zu
entziehen, weil, wie er bemerkte, Weiber und Ruhe nie
unter Einem Dache wohnen. Der dortige Abt wußte ihn
aber zur Annahme der Würde zu bewegen [46]). Aus der
Zeit seiner Verwaltung ist außer einer, im Jahr seiner
Wahl geschehenen, Landvergabung [47]) nichts bekannt, als

---

[40]) Urk.=Samml. *Fol.* 35ᵇ.

[41]) Das. *Fol.* 32.

[42]) Das. *Fol.* 36.

[43]) Das. *Fol.* 36ᵇ.

[44]) Das. *Fol.* 37.

[45]) Das. *Fol.* 36.

[46]) *Quia mulier & quies nunquam habitant sub eodem tecto.* Urk.=Samml. *Fol.* 40.

[47]) Das. *Fol.* 41.

das Erkenntniß des Amtmanns Willem Brand und der Bürgermeister Otto van Duten, Schelteko Campen und Albert Tydeken zu Emden in Sachen des Häuptlings Campo und der Bauern zu Loge gegen den Probst, wegen des Außendeichs, von welchem das Kloster die Gegner, nach deren Behauptung, verdrängen wollte. Beide Theile beriefen sich auf das Zeugniß Habbo's, des Vaters des Probstes. Zeuge wurde wegen Alterschwäche im Kloster abgehört und nebst Parteien durch Eggerke, Diener des Raths zu Hamburg, der mit dem Rathmann Johan Gerver gerade in Emden war, dahin berufen. Die Aussage lautete zu Gunsten des Convents. Kläger entfernten sich unwillig. Da sprach der Bürgermeister von Duten, im Kloster, vor des Probstes Hause, 1450, Donnerstags nach der Himmelfahrt Mariä, das Urtheil, daß Kläger abgewiesen würden [48]).

Probst Ayto starb unvermuthet im J. 1454, und wurde durch Friedrich, bisher Probst zu Barthe, gefolgt [49]). Erst gelang es ihm, den Häuptling Wiard von Uphusen zur Vergütung des Schadens, durch diesen und seine Freunde, den Klostergütern angethan, zu bewegen [50]). Bald aber gab er durch schlechte Zucht Anleitung zu Unordnungen. Ein Klosterbruder verwundete einen Mann in Borssum und mußte mit dem Convent, 1454, Entschädigung leisten; ein anderer wurde, 1457, wegen gleichen Vergehens, vor Gericht gezogen, obgleich durch den Landrichter Erd von Tordingen und drei Schöffen (Doemdelers) freigesprochen [51]). Es wurden so viele Laienbrüder

---

[48]) Original-Urkunde. Das Siegel: Cosmus und Damianus, die alten Patrone der Stadt Emden.

[49]) Urk.-Samml. *Fol.* 42.

[50]) Origin.-Urk. von 1454.

[51]) Desgl. und Urk.Samml. *Fol.* 43.

in das Kloster aufgenommen, »daß Alles in Verwirrung gerieth«[52]). Zugleich verschleuderte Friedrich viele Ländereien des Convents, welches um so mehr empfunden wurde, als im J. 1464, bei wiederholter Verlegung des Deichs, 36 Grasen des Klosterlandes Preis gegeben werden mußten. Durch eines und anderes kam Langen so zurück, daß die Gebäude zu verfallen anfingen[53]). Wegen der üblen Wirthschaft setzte der Abt Tyman zu Werum, wahrscheinlich Visitator, den Probst, 1458, ab[54]). An seine Stelle trat Nicolaus von Calcar, bisher Prior im Kloster zu Esens. Er erwarb auch einiges Land und siegte in dem Prozeß, welchen der Convent wegen des Morastes in Saterland führen mußte, als Hermann ter Molen, geschworner Richter zu Oyte, im gehegeten Gerichte, den Richterstab in der Hand haltend, mit seinen »Kürgenossen«, den Ausspruch gab, daß einer der ältesten Brüder das Moor begehen, und auf seiner Seelen Seligkeit schwören sollte, wie weit das Eigenthum des Klosters gehe[55]). Den Kirchvoigten zu Pilsum half er gegen Uebertrag von 10 Grasen Landes, welche ehemals an St. Veits Altar in ihrer Kirche geschenkt waren, mit Geld zur Ausbesserung des Kirchthurms[56]). Sonst führte er schlechte Wirthschaft. Es deutet auf Unordnung, daß ein Mann im Dienste des Convents durch einen Fall vom Pferde zu Tode kam, unter Umständen, welche dem Kloster die Abfindung der Verwandten zur Pflicht machten[57]). Der Probst selbst verkaufte von dem alten Silbergeschirr

---

[52]) Bittere Klagen in dem ersten Zettel bei der Urk.-Samml.

[53]) Daselbst.

[54]) Urk.-Samml. *Fol.* 43ᵇ.

[55]) Urk. von 1462 in der Urk.-Samml. *Fol.* 47ᵇ.

[56]) Urk.-Samml. *Fol.* 47.

[57]) Origin.-Doc. von 1460.

des Stifts, unter andern ein gemeißeltes Gefäß von Werth, an den Goldschmidt Hermann zu Emden und versetzte dem Pfarrer Johannes daselbst den großen Band des Decrets für 15 alte Goldgulden und 10 goldene Postulatgulden [58]). Er legte jedoch im J. 1474 seine Würde nieder und ging nach Esens zurück.

Ihm folgte Sebastian von Hülst, ging aber nach 3½ Jahren als erwählter Abt zu Merne ab [59]). Auch er scheint in Geldverlegenheit gewesen zu seyn, weil er noch vor seiner Abdankung 400 Goldgulden von dem Stifte Thedingen, gegen Verpfändung des Vorwerks zu Werden, anleihen mußte [60]) Unter ihm standen im Amt, Jacob, Prior, Adrian, Kellner und Schwester Enna, Priorin [61]).

Im J. 1479 vereinigten sich diese Priorin, die Sub-Priorin Beleke und die Sängerinnen Hebe und Ghebbeke, den ältesten Brüdern und Schwestern die Ernennung eines neuen Oberhaupts zu überlassen. Von ihnen wurde Johan von Boemel, aus dem Kloster Floridus Hortus zu Werum, zum Probst gewählt [62]). Dieser war ein sehr thätiger und für das Beste der ihm anvertrauten Anstalt überall sorgender Mann, dessen Bemühungen dem Convent den frühern Wohlstand wieder gaben. Er bezahlte nicht allein alle von seinen Vorgängern hinterlassene Schulden, unter andern den mittlerweile dem Kloster Ihlo geschenkten Rückstand des Kaufgeldes der Boneburg, gleich wie er das verpfändete Gut Werden und von dem Pfarrer Johannes zu Emden die Decrete wieder einlösete, sondern hatte auch Geld genug, Land und Güter dem

---

[58]) *Vas argenteum celatum.* Urk.-Samml. Fol. 3, *magnum decretorum volumen Fol.* 59.

[59]) Das. *Fol.* 48 & 5ᵇ.

[60]) Das. *Fol.* 50.

[61]) Das. *Fol.* 50ᵇ.

[62]) Das. *Fol.* 52—54.

Kloster zu erwerben. So kaufte er von den Brüdern Eggerick und Keno, zu Rysum, Loquard und in dem Ham Häuptlingen, im J. 1487, eine jährliche Rente von 15 Goldgulden, aus dem früher dem Kloster Barthe gehörenden Mönchenvorwerk in dem Woltzeter Hamrich, dann 1490 von Keno die Hälfte des Gutes selbst, und von Eggerick eine neue Rente von 4½ Goldgulden, endlich auch dessen Hälfte der Besitzung. Acht Jahre später nahm Victor Frese zu Loquard für seine Gemahlin Tette das Gut mit Näherkauf in Anspruch, ließ sich jedoch, durch Vermittelung der Brüder Hicko und Hero Moritz von Dornum und Wittmund, mit 7 Grasen Landes abfinden [63].

Nebenbei fielen auch Vergabungen vor; unter andern im Jahre 1505 durch Testament eines Einwohners von Heveschen (in Gronkigerland), in welchem zugleich dem Bruder des Schenkenden aufgegeben wurde, für ihn eine gelobte Wallfahrt zum heil. Sacrament in Sterneborch zu erfüllen und dort ein Viertel Talent Wachs zu opfern [64]. In Westerwolde, in der Provinz Groningen, liegt ein Hof Sterrenborg; war dort vielleicht der Gnadenort?

Anderes erhielt der Convent bei dem Eintritt junger Schwestern; so von zwei Töchtern eines Dedo, Einwohners zu Langen, 7 und 5 Jahre alt, und von Meinste, der Tochter des Bürgermeisters Edde Uffen zu Emden [65].

---

[63] Urk.-Samml. *Fol.* 64 und Origin.-Urk. von 1490 und 1498. Das noch übrige Siegel des letzten Documents von 1490 zeigt einen Adler mit gekrönten Flügeln. Ein anderes fehlt. Die Siegel gehörten Eggerich und Ubbo von Uplewert. Die Benäherung findet sich Urk.-Samml. *Fol.* 99 und im Origin.-Doc. Von sonstigen Ankäufen sind zu viele Urkunden, um sie anzuführen.

[64] Urk.-Samml. *Fol.* 118.

[65] Das. *Fol.* 114 und 120, auch von letzterer, Orig.-Doc. von 1513 und 1520.

Auch trat, wie unten erzählt wird, Tyake von Lütets=
burg ein.

Ein älteres Gut des Klosters, Werden, auch Werder=
oder Webbermönken genannt, in der Nähe von Olderſum,
war in seinen Gränzen verdunkelt. Probſt Johann ließ
dieselben durch erfahrene Conventsleute beiderlei Geschlechts,
im J. 1481, genau ermitteln [66]). Das Gut war ehemals
durch einen eigenen Syhl entwäſſert. Im J. 1510 er=
warb der Probſt durch Vertrag mit den Brüdern Aylt
und Hicko, Häuptlingen zu Olderſum, die Erlaubniß, den
Abzug des Waſſers durch den dortigen Syhl gehen zu
laſſen, ohne jährlich mehr als einen halben Ember Gul=
den und 20 Krumſteerten und, bei Beſſerungen des Syhls,
nach Verhältniß des Umfanges, mehr als 3 oder 1½
Ember Goldgulden beizutragen [67]).

Zu seiner Zeit trat, im J. 1492, große Theurung
ein, weil der häufige Regen des vorigen Jahres in Fries=
land und der Umgegend Mißwachs und Viehſterben ver=
ursacht hatte. Um St. Gregorii kostete die Tonne Rok=
ken, Ember Maaßes, 5, Bohnen 4, Gerſte 8 und Hafer
2 Rheinische Goldgulden. Viele Arme würden umgekom=
men seyn, wenn ihnen die Klöſter nicht zu Hülfe gekom=
men wären. Wohlhabendere mußten ihr Land aus Noth
veräußern, so daß mehr Verkäufer als Käufer waren [68]).

Eben so eifrig, wie für das weltliche Besitzthum, war
Probſt Johann auch in geistlichen Angelegenheiten. Er
kaufte im J. 1485 von dem Abte zu Werum ein neues
Breviarium für die ansehnliche Summe von 20 alten
Rhein. Gulden [69]), und beſtimmte, 1497, die Einkünfte

---

[66]) Urk.=Samml. *Fol.* 2.
[67]) Daſ. *Fol.* 125 und 126.
[68]) Daſ. *Fol.* 81.
[69]) Daſ. *Fol.* 62.

des von ihm für 94 Goldgulden und eine halbe Tonne Butter erstandenen Warfes in der Lookfenne, am alten Graben zu Emden, auf ewige Zeiten zur Bestreitung des Weins und der Oblaten bei der Kirche zu Langen, kündigte auch zugleich seinen Nachfolgern an, daß der Prälat oder sonstige Mann, der jene Einkünfte anders benutzen möchte, verflucht sey [70]).

Er ward mit dem Probst Johann von Bueren zu Barthe, vom General-Capitel des Ordens zu St. Quentin, mit Visitation der Klöster der Prämonstratenser in Friesland beauftragt, hatte mit seinem Amtsgenossen auch die Beiträge derselben an die Ordenscasse zu übermitteln. Beide reiseten im J. 1501 nach St. Quentin, brachten aber für die beiden vorigen Jahre nur 80 Rheinische Goldgulden mit, welche sie, wie es scheint, aus dem Ihrigen vorgeschossen hatten; wenigstens wurde den einzelnen Stiftern aufgegeben, sie in den nächsten drei Jahren zu entschädigen [71]). Früher, im J. 1490, hatte das Kapitel den Convent zu Langen mit einem Indult wegen der Speisen in der Adventszeit begünstigt, und demselben erlaubt, jede Person, geistlich oder weltlich, als wirkliches Mitglied aufzunehmen, vorausgesetzt, daß sie nur von einer freien Mutter und aus rechtmäßiger Ehe geboren sey [72]).

Johan von Boemel starb im J. 1512 [73]). Vor seinem Ende muß die Verlegung des Klosters von Langen nach Blauhaus geschehen, wenigstens angefangen seyn. Denn es wird gemeldet, daß der Probst 20,000 Steine, welche der Bürgermeister Ebbe Uffen zu Emden seiner

---

[70]) Urk.-Samml. *Fol.* 98.
[71]) Drei Origin.-Urk. von den Jahren 1499, 1501 u. 1503.
[72]) Zwei dergl. von 1490.
[73]) Urk.-Samml. *Fol.* 128.

Tochter Meinste mitgab, zum Bau des neuen Klosters gebraucht habe. Es ist oben schon angedeutet, daß Bedrängniß durch die Meereswellen die Ursache der Veränderung gewesen seyn werde; bestätigt wird dieses durch die Anzeichnung im Inventar, daß im J. 1499, eine Fläche von etwa 25 Grasen Landes verloren gegangen, weil die Ems in der Umgegend des Convents, bei Logen, neue und eingezogene Ufer bekommen habe [74]).

Johannes Nachfolger war Ludwig von Boemel, dem Zunamen nach sein Landsmann, und mit einem Peregrinus, eben daher, schon früher im Kloster. Im J. 1533 lebte er noch; zwei Jahre später wird ein anderer Probst genannt. Unter ihm wird die neue Ansiedelung zu Blauhaus völlig zu Stande gekommen seyn. Im J. 1529 war sie wenigstens ganz fertig, weil in diesem Jahre, am 12. Juli, zwischen Poppo Manninga zu Pewsum und ihr, wegen eines »vom Woquarder Maer durch einen Medeweg in dem Woquarder Hamrich bis an das neu gezimmerte Kloster« zu grabenden neuen Tiefes ein Verein geschlossen wurde [75]).

Die Gefahr vom Wasser dauerte an der Küste fort. Im J. 1514 war sie so groß, daß Probst und Convent zu Langen den vom Landesherrn bestellten Deputirten »zum Behuf und Rettung des Landes« 200 Goldgulden entrichten mußten [76]).

Der Streit, welchen der Probst mit dem Kirchspiel Woltzeten bekam, wegen des Beitrags, den das Kloster, zu den vom Kirchspiel dem Grafen zu liefernden 2 fetten Kühen leisten sollte, wurde, im J. 1516, vom Grafen

---

[74]) *Nova & angustiora littora.*

[75]) Origin.-Doc.

[76]) Origin.-Quitung ohne Unterschrift, blos mit der gräflichen Harpye besiegelt.

Ebzard geschlichtet. Ein anderer Streit, wegen Mitwirkung bei dem Unterhalt der Brücke zu oder bei Pewsum, wurde im folgenden Jahre ebenfalls beigelegt. Zu den Kühen mußte der Convent von nun an 2 Ember Gulden jährlich, und bekam es mehr Land, von diesem nachbargleich steuern; von der Brücke überkam der Probst die Nordseite, um sie mit Holz und Erde zu versehen, während die Gemeine Woltzeten dasselbe an der Südseite thun mußte [77]).

Ludwig erwarb dem Kloster noch einiges Land, indessen trat unter seiner Regierung die Reformation ein. Alle Verhältnisse veränderten sich dergestalt, daß man schon im J. 1527 an die Möglichkeit dachte, es könnte das Kloster eingehen [78]). Oder wirkten andere Zeitumstände ungünstig ein? Es kam wenigstens so weit, daß der Convent nicht mehr hinlängliches Ackerland und Weideland zu benutzen hatte und kein Vieh halten konnte, weshalb Graf Enno im J. 1531 erlaubte, auf dem Vorwerk zu Langen einen Meier wieder zu bestellen [79]). Man möchte fast annehmen, daß der Graf schon bedacht gewesen, aus den Klöstern selbst Vortheil zu ziehen, weil er sich bei jener Gelegenheit beklagt, daß kein Vieh vorhanden sey, »mit welchem wir zu Felde oder sonst mögen gedient werden.« Auch zeigt ein Brief, den Haro Wineken zu Dornum, am Tage der Himmelfahrt Mariä 1533, dem Probst Ludwig schrieb, daß des Grafen Rentmeister im Kloster gewesen sey, um gewisses Land für seinen Herrn anzufassen [80]). Der Aufenthalt Königs Christian II. von Dänemark, den er bei

---

[77]) Wegen der Kühe Origin.-Doc.; wegen der Brücke Urk.-Samml. *Fol.* 131.

[78]) Origin.-Doc. von 1535, die Uebereinkunft mit einem Knecht vom J. 1527 betr.

[79]) Origin.-Doc.

[80]) Das Original im Archiv.

seinem Besuch in Ostfriesland, nach seiner Vertreibung aus dem Reiche, im J. 1531, zu Langen nahm, könnte vielleicht ebenfalls aus einer Anweisung des Grafen hervorgehen, es wäre denn, daß die Klostergeistlichen ihn, als Vertriebenen wegen der Religion, bei sich aufgenommen hätten.

Nach Ludwig war Paul von Leuwarden Probst. Er wird zuerst in einem Kaufcontract vom J. 1535 erwähnt[81]; denn noch wurde einiges Besitzthum erworben. Doch heißt es wieder in einem Uebertrag vom J. 1536: »Ob es sich begebe, daß der Convent zu Langen destruirt und die Personen des Convents verstört und verjagt würden«[82]. Die Wirthschaft auf dem Vorwerk zu Langen wird nach wie vor nicht viel gewährt haben, denn der Probst mit der Priorin Catharina Uken und der Sub-Priorin Arke von Boemel und den übrigen Conventualen verkauften im J. 1542 die alte Probstei und andere Gebäude des ehemaligen Klosters ihrem Pächter Leffert, Sohn des Priesters Otto zu Twixlum, für 300 Ember Gulden und eine Tonne Hamburger Biers[83]. Mittlerweile fuhren die Grafen Enno und Johan fort, das Klostergut mehr und mehr zu ihren eigenen Zwecken zu gebrauchen. Der Convent mußte für ein Darlehn, welches die Grafen von einem Dritten empfangen hatten, ihre Ländereien in Groningerland verpfänden, obgleich noch nicht ohne Entgelb; denn die Schuldner stellten im J. 1538 einen Heerd zu Wolthusen zur Sicherheit des Klosters[84].

Probst Paul wird im J. 1549 zuletzt erwähnt. Es mag hier wohl noch bemerkt werden, daß unter ihm, na-

---

[81] Origin.-Doc.
[82] Urk.-Samml. *Fol. 2.*
[83] Doc.; dessen Abschrift im Archiv.
[84] Origin.-Doc.

mentlich im J. 1535, Thake, ein Fräulein aus dem Hause Lütetsburg, Subpriorin war. Sie war die Tochter Dibo's von Lütetsburg und trat im J. 1480 am Tage Simons und Judä in den Orden. Sie brachte dem Kloster den sechsten Theil gewisser Güter in Wischenburg ein; ihr Bruder Dodo schenkte zu ihrer Ehre noch 150 Rhein. Goldgulden [85]).

Der folgende Probst hieß Jan von Ouwater. Er verkaufte im J. 1553 die Kapelle des alten Klosters an den Käufer der Probstei für 40 Rheiber Gulden, das Stück zu 11 Schaaf [86]). Ob er oder ob sein Nachfolger 1556 die Deichordnung der Gräfin Anna mitunterschrieben habe, ist ungewiß.

Lange hat er nicht regiert. Denn schon im J. 1562 war Hermann von Doesburg Probst, und zwar, ein Zeichen der Zeit! von der Gräfin Anna gesetzt. Am 12. März jenes Jahres quitiren die Priorin Catharina Brese, die Subpriorin Lübbe Dirks, die Kleidermeisterin und andere Conventualen ihm für die jährlich abgelegte gute Rechnung [87]). Wenn in der Quitung auch gesagt wird, der Probst sey als Verwalter und Rentmeister bestellt, so scheint es, als habe die Gräfin die Einkünfte bereits bezogen. Indessen hatten die Conventualen noch einigermaßen freie Hand, obgleich nicht mehr reichlichen Unterhalt. Denn sie hatten schon Rocken, Bier u. s. w. auf Borg gekauft, und stellten in den Jahren 1562 und 1563 Pfandverschreibungen über den Betrag aus [88]).

---

[85]) Notiz im Inventar. Thake wird die Tochter des 1494 gestorbenen Dido Manninga zu Lütetsburg gewesen seyn, der einen Sohn Dodo hatte. Stammtafel 16 bei Wiarda O. G. Th. I.

[86]) Die Anm. 83 angeführten Papiere.

[87]) Origin.=Doc.

[88]) Desgleichen.

Nach dieser Zeit wird das Kloster allmählig ausgestorben seyn. Zuletzt kam es ganz in der Landesherren Hände.

Daß Langen eines der begütertsten Stifter in Ostfriesland gewesen sey, geht aus allem hervor. Neben ungefähr 1200 Grasen Stücklanden, Renten und andern Besitzungen, von denen verschiedene in der Provinz Groningen lagen, auch einigen Häusern zu Emden hatte es an größern Gütern, zum Theil schon dem Namen nach erwähnt [89]):

1) Ein Vorwerk zu Nesse, in dem heutigen Nesserland und dessen, früher noch nicht versunkener, Nachbarschaft, mehr als 100 Diemathe Weide- und Heulands haltend. Es hatte eine besondere Kapelle, in welcher, abermals wohl wegen der Gefahr vor den Fluthen, das Bild des heil. Nicolaus sich befand.

2) Eines in dem Borssumer Hamrich, von 104 Grasen, das Vorwerk Osterhusen genannt, entweder das jetzige Hamrichshaus oder das Borssumer Vorwerk.

3) Die Boneburg unter Groothusen mehr als 100 Grasen haltend, früher dem Kloster Palmar gehörend.

4) Das Gut Werden oder Weddermönken im Kirchspiel Norichum, größer als das vorige. Auch hier war eine Kapelle des heil. Nicolaus, zu welcher Häuptling Wiard von Uphusen im J. 1461 tausend Steine vermachte [90]).

5) Ein Vorwerk in dem Woltzeter Hamrich, durch

---

[89]) Alles, bei welchem in der Folge besondere Quellen nicht angeführt werden, geht aus dem Inventar hervor.

[90]) Brenneysen Th. 1. Bd. 3. S. 87.

Probst Johan von Boemel von den Häuptlingen Eggerich und Keno zu Loquard und Rysum angekauft. Diese hatten es vom Kloster Barthe erworben. Doch ist es nicht, wie der Name es sonst vermuthen ließe, Barthshausen; denn dieses liegt unter Loquard und mag das Gut seyn, welches Syhlmönken in dortiger Gegend hatte. Vielmehr wurde auf dem Lande, in dem Woltzeter Hamrich, das Kloster Blauhaus erbauet. Das Inventar bezeichnet die Stücke, durch welche der Graben gezogen wurde. Wenn in einzelnen nach der Verlegung von Langen verfaßten Urkunden das Kloster »zu Sanct Annen« genannt wird, so mag an der Stelle, wo Blauhaus errichtet wurde, vorher eine Kapelle dieser Heiligen gestanden haben. Denn noch in der Quitungsleistung vom J. 1562 heißt das Stift: »Langen, sonst Blauhaus, auch St. Jacobskloster.« — Uebrigens war bei den dortigen Ländereien ehemals auf einem hohen Warf auch eine Kapelle des heil. Antonius, welche aber zur Zeit der Errichtung des Inventars schon abgetragen war.

Noch mag

6) eines Morastes unter Osteel erwähnt werden, weil dasselbe mit dem daneben liegenden des Klosters Aland, jetzt noch den Domainen gehört [91]).

Von den Gebäuden ist nichts mehr vorhanden. Blauhaus ist jetzt zu zwei Domainenplätzen gemacht. — Das Kloster führte den heil. Jacob im Siegel.

---

[91]) Von dem Morast ist das Erwerbs-Document vom J. 1520 im Archiv.

III.
Aland.

Aland war ein Prämonstratenser-Nonnenkloster im Kirchspiel Wirdum.

Man nannte es zwar im Latein auch Alandia, der geistliche Name war aber; der heiligen Jungfrau Ufer [1]). Auch will man es in der Bremer Sühne vom J. 1255 unter der Benennung der Insel (Insula) finden. Vielleicht hat man Aland für Eiland genommen, oder jenes Wort hat ursprünglich einen von Wasser umgebenen Ort bedeutet. Jedenfalls weiset Eines und Anderes auf die Nähe des Wassers hin. Spuren dieser Nähe haben sich in den Namen »Meer-Aland und Weel- (Kolk-) Aland« erhalten, welchen zwei an der Stelle des Klosters stehende Höfe führen.

Noch in der ersten Hälfte des 15ten Jahrhunderts war der Deich nicht weit entfernt. Im J. 1431 verkauften die Eingesessenen des Auricherlandes und des Süderlandes dem Kloster »das Land und Erbe innerhalb des Deichs und außerhalb des Deichs mit dem Deiche so viel davon dem Lande zukomme, ohne alle Berücksichtigung desjenigen, welches Brockmerland zugehöre« [2]). Damals

---

[1]) Beide Namen, der letzte als *ripa B. Mariae virginis* in mehreren Urkunden.
[2]) Der Kaufbrief in der Beilage XII.

war Schoonort und das Neuland noch nicht eingedeicht. Es war zu der Zeit, wie die von Schott nach Siegelsum und von Siegelsum nach Veenhusen gehende, bis auf den heutigen Tag sichtbare, Deiche noch Schutzdeiche waren. So ist es klar, daß die Leybucht bis in die Nähe von Aland sich ausdehnte und das Kloster auf einer Insel derselben gelegen habe, oder daß zu beiden Seiten des Conventes die Arme eines Flüßchens, wie noch jetzt das Grimersumer Tief und die Abelitz, flossen und, weiter nach Norden sich in die Bucht ergießend, die Stelle auf welcher Aland lag zur Insel machten.

Die Errichtung des Klosters wird, wie bei andern, von den Prämonstratensern jenseits der Ems ausgegangen seyn. Vielleicht war sie mit der von Langen ungefähr gleichzeitig. Mit Langen stand Aland unter der Aufsicht des Stifts St. Johannis des Evangelisten zu Marne und zwar bis ins Jahr 1374, in welchem beide der Botmäßigkeit förmlich entlassen wurden [3]).

Wäre die Vermuthung richtig, daß die in der Friedensurkunde vom J. 1255 erwähnte »Insel« unser Aland sey (man weiß in der That nicht, wo man sonst ein Kloster dieses Namens suchen sollte), so hätte damals sein Probst Focco geheißen, und wäre unter den Vertragenden gewesen.

Ungefähr 30 Jahre später, 1288, wurden in Aland neunzig Köpfe gezählt [4]).

Jetzt folgt in der Geschichte des Klosters eine Lücke, bis im J. 1422 am Abend der Stuhlfeier Petri, Imelo, Häuptling zu Grimersum, in einer Urkunde sich Voigt des Convents nennt, und zugleich eines früher da gewesenen Probstes Friedrich erwähnt. Er erzählt ferner, daß

---

[3]) S. bei Langen.
[4]) Wiarda Gesch. Th. 1. S. 267 und die dort angeführten ältern Quellen.

vor einiger Zeit kein Probst in Aland gewesen sey, weil Herr Ubbele davon gegangen, und daß damals Bruder Pedert, ein gehorsamer Bruder und Kellner des Convents, um des Klosters willen, bis zum Tode verwundet worden. Innere Zwistigkeiten oder äußere Anfechtungen scheinen die Entfernung des Probstes veranlaßt zu haben.

Auffallend ist, daß außer dem Probste noch ein zweiter männlicher Geistlicher als Kellner in dem Frauenstifte gewesen, ja man lernt aus jener Schrift, daß Bruder Pedert verheirathet und seine Ehefrau Schwester in dem Convent war.

Bald nachher fällt der schon angeführte Landverkauf durch die von Auricherland u. s. w. Dann ist jedoch abermals eine Lücke.

Im J. 1482 war ein Jacobus Probst. Sein Name wird am Tage Thomä in einem Kaufbrief über 11½ Grasen Landes genannt, aus welchem man fast schließen möchte, daß das Kloster mit Personen beiderlei Geschlechts besetzt gewesen sey: denn der Verkauf geschieht an den Probst und an die geistlichen Schwestern und Brüder.

Nach ihm kam Johannes von Campen (Campis). Er lieh im J. 1485 am Johannistage von Herrn Reemt, (wie die Folge zeigen wird, Präbendat zu Wirdum, und in manchem Verkehr mit dem Kloster) zum Ankauf von Land, 29 alte Rhein. Gulden. Ihm, den Brüdern und geistlichen Schwestern, schenkte Wiard Abken, Häuptling zu Loppersum, im J. 1499, am Tage Bonifazii, 2 Grasen Landes, damit sie für die Seelen der Verstorbenen seines Geschlechtes beten sollten. — Zu seiner Zeit mußte an den Kloster-Gebäuden Besserung erfolgen, denn er lieh, zu deren Bestreitung, 6½ Stiege Rhein. Goldgulden, welche jährlich mit einer Tonne rother Butter verzinset wurden. Im J. 1502, am Lambertstage, an welchem er dieses Darlehn bescheinigte, war er nicht mehr im Amte, sondern lebte zu Marne.

99

Sein Nachfolger hieß ebenfalls Johannes, und war aus Cleve. Ob in einer Urkunde von 1501 er schon gemeint sey, oder ob der vorige damals noch regiert habe, muß dahin gestellt bleiben. Im J. 1504 war er jedenfalls schon da und blieb wenigstens bis zum J. 1518. Während seines Dienstes scheint der Deich noch nahe bei dem Kloster gelegen zu haben. Denn in einer Urkunde vom J. 1512 wird gewisses Land, welches an des Conventes Bauland gränzte, noch Außendeichsland genannt.

Später, im J. 1527, war ein anderer Johannes, mit dem Zunamen: von Groningen, Probst. Der »alte Probst,« wahrscheinlich Johannes von Cleve, hatte den oben genannten Präbendaten Reemt, zu Wirdum, in dessen letzten Krankheit, mit allen seinen Gütern in das Kloster geholt. Dort hatte Reemt, zum Vortheil des Convents, ein Testament errichtet, und war nach drei Tagen gestorben. Seines Bruders Sohn, Ippe Heeren Reemts, zu Wirdum, nahm den Probst wegen des Nachlasses in Anspruch und der Landrichter, Jeltke Brunckes, erkannte, Freitags nach Cantate, 1527, zu Gunsten des Klägers [5]).

Dieses ist Alles, welches man, aus der Zeit vor der Reformation, von Aland weiß. Ob nach derselben das Kloster förmlich aufgehoben, oder nach und nach eingegangen sey, ist unbekannt. Am 14. Februar 1560 gab Gräfin Anna, dem Ude Beenen zu Eilsum, für 1000 Gulden, welche sie ihm verschuldete, 100 Grasen der Convent-Ländereien zum Gebrauch, mit dem Vorbehalt, daß das Land wieder zurückgegeben würde, wenn es sich er-

---

[5]) Alles, von 1422 an, Angeführte gründet sich auf verschiedene Urkunden im Archive zu Aurich, deren für dieses Kloster überhaupt 29 sind. Harckenroth beklagt sich irgendwo, daß viele Papiere des Convents auf dem Boden der Kirche zu Greetsyhl ohne Aufsicht lägen.

eignen sollte, daß »dem Convent sein alter Fuß wieder käme.« Als Zugabe erhielt er einen Theil der Steine der alten Kirche und des Kuhhauses⁶). Die Kirche muß also damals abgebrochen seyn. Sonst wird behauptet, sie habe seit 1555 den Einwohnern von Kanhusen lange zum Gottesdienst gedient⁷). — In der Folge wurde das Klostergut Aland dem gräflichen Canzler Franzius zu Lehn gegeben, später aber, weil seine Söhne der Felonie sich schuldig machten, wieder eingezogen und, am 10. April 1624, von dem Grafen Enno III. dem Canzler Wiarda verliehen. Nach dessen Tode lösete das Regierhaus von den Erben das Lehn für 7000 Gulden wieder ein⁸).

Außer den, jetzt an der Stelle des Klosters stehenden, Höfen, von welchen einer Privateigenthum ist, die übrigen zu den Domainen gehören, besaß der Convent auch den benachbarten Hof Upping⁹), und einen, jetzt der Domaine zukommenden, Morast unter Osteel¹⁰). — Der Kloster= Kirchhof wird noch benutzt.

⁶) Aus einem der Documente.
⁷) *Harckenroth* oorsprong. S. 506.
⁸) Familien=Nachrichten.
⁹) Nach mehreren Documenten. Eines, vom Martinitage 1506, nennt es Upphum »*welke is een uethues offte vorwarck des convents.*« Damals kaufte das Kloster, in der Nähe dieses Vorwerkes, von Folkmar, Häuptling zu Grimersum, 8 Grasen Landes, welche bisher Unserer lieben Frauen Altar daselbst zugestanden hatten.
¹⁰) S. oben bei Langen.

IV.
Barthe.

Barthe, auch Berthe genannt, liegt im jetzigen Amte Stickhausen, ostseits in geringer Entfernung von Hesel, in einer öden Sandgegend, welche in der Vorzeit noch wüster gewesen seyn mag [1]).

Es war dem heil. Nicolaus geweiht [2]), gehörte dem Prämonstratenser-Orden an, und war, wenigstens in der letzten Zeit, ein Nonnenkloster. Es wurde, wie die andern Stifter des Ordens, durch einen Probst und eine Priorin, verwaltet.

Wie die übrigen Prämonstratenser-Klöster in Ostfriesland, wird es den Ordensgliedern jenseits der Ems seinen Ursprung verdankt haben, und die Zeit der Stiftung in das 12te oder in den Anfang des 13ten Jahrhunderts zu setzen seyn. Im Jahre 1288 zählte Barthe 140 Bewohner [3]).

---

[1]) Man hat unter einem Kloster, welches *porta frisiae orientalis* genannt wird, Barthe verstehen wollen. Wahrscheinlicher ist Palmar damit gemeint. Doch kommt in dem Register bei v. Ledebur a. a. O. S. 111 in dem Bezirk der Probstei Leer auch ein *porta* vor, obgleich mit dem Zusatz: *Crucesignati in P.*

[2]) Nach der Vollmacht des Prämonstratenser Ordens-Kapitels auf die Pröbste zu Langen und Barthe zur Visitation der Klöster in Friesland vom 30. April 1499, im Archiv zu Aurich.

[3]) Wiarda Th. 1. S. 267.

Die Nachrichten von diesem Kloster sind sparsam; das Meiste ist aus der letzten Hälfte des 16ten Jahrhunderts. Es war keiner der reichsten, und in seiner letzten Zeit mit Schulden überhäuft.

Früher besaß Barthe ein Vorwerk in dem Woltzeter Hamrich, welches es aber schon im 15ten Jahrhundert an die Brüder Eggerich und Keno, Häuptlinge zu Loquard und Rysum, veräußerte und das später an Langen kam [4]). Im J. 1508 erwarb das Kloster dagegen von Bolo Ripperda, Häuptling und Probst zu Farmsum, einen Heerd Landes zu Elewerdt, in der Provinz Groningen, für 350 Emder Gulden [5]).

Nach der Reformation ging es allmählig seinem Ende entgegen. Es mußte sich gefallen lassen, daß Gräfin Anna, von dem Doctor Johannes Sickinga zu Groningen, 2000 Emder Gulden, unter Verpfändung der Klostergüter (wahrscheinlich der in Groningerland belegenen), anlieh. Das Kloster gerieth selbst in Verlegenheit. Der Probst Gerd von Vollenhove verkaufte mit der Priorin Gela von Borssum, im J. 1560, eine jährliche Rente von 15 Emder Gulden aus einer Besitzung zu Upwirde in der Provinz Groningen. Es behielt aber demunerachtet das Stift neben jenen 2000 Gulden noch eine Schuldenlast von 1000 Gulden, welche Berent then Campe, und 4000 Gulden, welche der Junker zu Farmsum zu fordern hatte, und welche sämmtlich auf den Groningenschen Gütern hafteten. Auf Antrag der Aebte zu Dockum und zu Lidlum, als Visitatoren des Ordens, wurden, etwa um jene Zeit, von dem Gerichte zu Groningen Verhandlungen über den Schuldenzustand eröffnet, die Einkünfte der Güter in Beschlag genommen und Einiges verkauft. Ein

---

[4]) S. bei Langen.
[5]) Archivalacten.

von den Grafen von Ostfriesland im J. 1564 bei dem Grafen von Aremberg, Spanischem Statthalter zu Groningen, eingelegtes Fürwort half nichts. Die Beendigung der Sache verzögerte sich, die Klosterfrauen fürchteten zu verhungern, und die Priorin Gela mit der Kleidermeisterin Helwig von Groningen, der Kellnerin Engel von Emden, der Scholasterin Wibke von Emden und der Küsterin Hauwe von Bakemoor mußten, 1568, den Heerd zu Elewerdt bei Stücken verkaufen [6]).

Später, 1576, soll, nach einer ausländischen Nachricht [7]), das Kloster Barthe mit dem Prämonstratenser-Stift Schildwolde, in der Provinz Groningen, vereinigt und diese Maßregel durch den hohen Rath zu Brüssel bestätigt seyn. Wahrscheinlich hat man blos die noch in jener Provinz vorhandenen Güter zu Schilwolde gezogen. Denn die hiesigen sind den gräflichen Domainen zugeflossen. Aus einem, im J. 1698, aufgemachten Inventario geht hervor, daß letztere, außer dem Kloster selbst, in einer Schäferei, 54 Diemathen Meedlandes, an 20 Tonnen Rocken Einsaat Baulanden und in dem Vorwerk Oldehave bestanden habe [8]). Schon damals wird geklagt, daß Vieles im Sande begraben sey. Jetzt besteht, außer Oldehave, Alles aus einem Bauernhof mit Schäferei.

[6]) Archivalacten, Barthe betreffend.
[7]) Angeführt von Arends in der Erdbeschreibung von Ostfr. S. 552.
[8]) Die Archivalacten.

Dominikaner- oder Prediger-Klöster.

I.

Norden.

Das Dominikaner- oder Prediger-Kloster zu Norden ist um das Jahr 1264 gestiftet. Damals gaben die Norder Consuln, Reiner Egers, Hicko Idzinga und Haiko Udenga, alle Häuptlinge, einen, am nördlichen Ende des Orts gelegenen Bauplatz, sammt einem Hause in welchem bisher gemünzt worden, zu der Stiftung her, sollen auch sonst die Gründung befördert haben. Es geschah dieses wenige Jahre vor dem Anfange des letzten Kreuzzugs. Wie der heil. Ludwig denselben vorbereitete, wandte der Prediger-Orden alle Mühe an, Theilnehmer zu sammeln und der päpstliche Legat, Thomas, selbst Dominikaner, sandte einen Geistlichen, Herard, in Friesland, das Kreuz zu predigen. Dieser richtete das neue Kloster ein, und wurde daher auch als dessen Stifter genannt [1].

Das Kloster war im J. 1269 schon im vollen Bestehen. Denn es traten in demselben damals Abgeordnete der Emsländer und der Bremer zur Erneuerung des Friedens von 1255 zusammen. Der Prior und ein Bruder,

---

[1] Die bei Wiarda O. G. Th. 1. S. 217 angeführten Quellen.

Memmo, waren bei der Handlung zugegen²). — Später, 1276, war der Prior, Albertus, mit dem Subprior, unter den Vermittlern der Faldernschen Sühne mit dem Bischof Eberhard von Münster.

Das Stift muß zu den Angesehenern im Orden gerechnet seyn. Denn dieser (wahrscheinlich jedoch nur die Brüder aus den nächsten Gegenden) hielt, im J. 1300, im Kloster zu Norden, sein Kapitel³).

Im Allgemeinen scheint das Ansiedeln der Bettelmönche, unter den Friesen, nicht gerne gesehen zu seyn. Ob die Einnahme des Klosters, im J. 1318, durch einige Unzufriedene, aus Abneigung gegen den Orden entsprungen sey, oder mit irgend einer Fehde zusammen gehangen habe, muß um so mehr dahin gestellt bleiben, als die Nachrichten von jenem Vorfalle höchst dürftig sind⁴). Dagegen wurde erst, im J. 1323, bei der Volksversammlung zu Upstallsboom, die Zulassung der Predigermönche und der Franciskaner zum Terminiren ausgesprochen⁵). So behielten die Dominikaner festen Fuß, und hatten, im J. 1337, abermals das Kapitel des Ordens in Norden⁶).

Achtzehn Jahre später trug das Kloster zur Wiederherstellung des Stifts Ostringenfelde, zwischen Schortens und Jever, bei. Dieses, früher von Chorherren besetzt, hatte lange wüste gelegen, und sollte, im J. 1350, bei der damaligen Noth der Zeiten, der kirchlichen Bestimmung zurückgegeben werden. Die Dominikaner zu Norden besetzten es mit Jungfrauen ihres Ordens⁷). Lebten etwa

---

²) Beilage IV.
³) Die Nachrichten das. S. 273.
⁴) *Emmius p.* 191. *v. Wicht ann.* bei diesem Jahr.
⁵) *L. L. upstalsb. art.* 20. und Wiarda von den L. T. S. 154.
⁶) *v. Wicht ad ann. Emmius p.* 197.
⁷) *Emmius p.* 203.

hier, wie in andern Klöstern des Landes, beide Geschlechter zusammen?

Bald nachher wurde jedoch der Convent in die bürgerlichen Unruhen verwickelt. Denn als der Häuptling Hylo Attena, im J. 1358, dem Amte der Friedensmänner ein Ende zu machen unternahm, fing er damit an, daß er, mit Hülfe eines Söldnerhaufens unter dem Rottenführer Martin Speiza, das Prediger-Kloster in Besitz nahm [8]). Waren die Bewohner etwa den Friedensmännern, oder diese ihnen besonders zugethan? Die Lage des Hauses war so, daß es die Gemeinschaft zwischen der Stadt und dem Lande, an der Nordseite, beherrschte. Attena muß in der Folge den Mönchen gewogener gewesen seyn, sonst würde unter seinem und Liuward Itzinga's Regiment, im J. 1383, das dritte Kapitel der Dominikaner zu Norden nicht stattgefunden haben [9]).

Im J. 1422 wurde gleichmäßig das vierte Kapitel gehalten. — Acht Jahre später, 1430, wagten die Brockmer, zu Gunsten ihres gefangenen Häuptlings Occo, eine Unternehmung gegen Norden. Die Einwohner flohen in die beiden am Ort vorhandenen Burgen, die Muthigsten warfen sich in das Dominikaner-Kloster. Dieses wurde von den Brockmern erstürmt, geplündert und verbrannt [10]). — Im J. 1449, am St. Jacobstage, war das fünfte Kapitel versammelt [11]).

---

[8]) Beninga S. 145 sagt, die Klosterkirche sey entfestet. War sie etwa zur Vertheidigung eingerichtet? *Emmius p. 204* dagegen: *communivit*.

[9]) *v. Wicht ad ann. Emmius p. 218.* Beninga nennt S. 158 in 1385 neben L. Itzinga, Habbo Allena.

[10]) Wiarda Ostfr. Gesch. Th. 1. S. 444 und die daselbst angeführten Aeltern.

[11]) Die Kapitel von 1422 und 1449 werden durch von

Im J. 1502 wurde der Convent, in Gegenwart der beiden Grafen Edzard und Uko, zweier Aebte, vier Doctoren und anderer Angesehenen, reformirt [12]). Von da an wird vorerst wieder vom Kloster nichts weiter gemeldet. Ein Kaufbrief, vom J. 1497, giebt den Namen des damaligen Priors: Hermann von Deventer [13]). Bekannter wurde es aber in den ersten Jahren der Kirchenverbesserung. Ein Mönch aus seiner Mitte, Heinrich Reese, oder Resius, trat schon im J. 1527 aus dem Papstthum. Er vertheidigte mit landesherrlicher Genehmigung, noch mit dem Ordens-Gewande angethan, in einem öffentlich zu Norden gehaltenen Gespräch, die neue Lehre, legte darauf die Kutte ab, und verließ das Kloster [14]). Sein Beispiel reizte die übrigen Brüder zum Lesen der Bibel, der Klosterdienst wurde vernachlässigt, und die Messe sparsam gefeiert. Zwei Jahre nachher packte der Prior von den beweglichen Gütern ein, so viel ihm beliebte und ging weg, unter dem Vorwande seinen Obern Bericht zu geben, kam aber nicht wieder. Einige Mönche folgten. Die Zurückgebliebenen wurden vom Grafen Enno abgefunden und die Klostergüter von ihm in Besitz genommen [15]).

Wicht bei den betreffenden Jahren erzählt: Ich muß bemerken, daß ich die fünf Kapitel, von welchen Erwähnung geschieht, nach dem Vorgang Einiger, zwar dem Dominikaner-Orden zugeschrieben habe, daß jedoch v. Wicht, sonst in Norder Sachen wohl erfahren, bei ihnen die Dominikaner nie nennt, sondern nur von *capitulum principale* spricht. Waren es vielleicht andere geistliche Versammlungen und standen die Sitze, zu beiden Seiten des Chors in der Ludgeri-Kirche, mit ihnen in Verbindung?

[12]) *v. Wicht ad ann.* 1502.
[13]) Ungedruckt.
[14]) Beninga S. 619.
[15]) Derselbe S. 670.

Obgleich die Gebäude, im J. 1531, durch Balthasar von Esens mit Brand beschädigt wurden, blieben sie doch bewohnbar oder wurden bald hergestellt. Denn Theda, des Grafen Edzard Tochter, wohnte, nach Aufhebung des Klosters Marienthal, bis zu ihrem Tode, 1568, hier, und hinterließ der Umgebung den Namen des Fräuleinhofes. Einiges mag in den Jahren 1557 und 1558 abgebrochen seyn, denn es sollen damals Steine von dem Kloster zum Zwinger in Aurich benutzt seyn, vieles blieb aber gewiß stehen, weil Theda noch später daselbst wohnte und sogar bis jetzt noch Ueberbleibsel erhalten seyn dürften.

Es deutet nämlich noch heute in dem Gebäude der gelehrten Schule zu Norden, das Zimmer der dritten Classe, mit seinem steinernen Gewölbe, dem stützenden Pfeiler in der Mitte und den Spuren von Nischen an den Wänden, auf Zusammenhang mit dem Kloster. Das ganze Gebäude steht von Norden nach Süden, und mag mit dem Weggebrochenen ein Kreuz gebildet haben [16]. Einen andern Theil des Klostergrundes nimmt jetzt die Beamtenwohnung mit dem Garten ein. Wie weit man aus der Beschaffenheit der alten, vor ungefähr 40 Jahren abgebrochenen Beamtenwohnung auf den Stand des Stifts habe schließen können, ist vergessen. Häufiger Schutt im Garten, nach der Seite der Schule hin, läßt vermuthen, daß auch dort etwas gewesen sey. Unterirdische Gänge oder Keller sollen ebenfalls daselbst zu finden seyn. Die Stelle des Gottesackers wird man, nach den ausgegrabenen Knochen, auf dem Fräuleinhofe zu suchen haben, und zwar um so sicherer, als am Kirchhofe auch Häuser standen [17].

---

[16] v. Wicht sagt bei der Errichtung der Schule im J. 1567, es seyen ihr beigelegt: *aedes et proventus aliquot e quibus monachi vivere solebant.*

[17] Die große Feuersbrunst zu Norden vom J. 1509 brach

Das Kloster muß nicht unbegütert gewesen seyn, weil der Landesherr von dessen Ländereien, allein im Kirchspiele Norden, fast 200 Diemathe Landes erhielt, welche später in Erbpacht verliehen sind [18]). Der Convent, oder dessen Prior, führte die heilige Jungfrau unter einem Himmel, zu jeder Seite eine knieende Figur, und zu ihren Füßen eine kleinere Figur in einer Nische, im Siegel, und siegelte mit rothem Wachse [19]).

in dem Hause eines Barbiers am Dominikaner-Kirchhofe aus. v. Wicht.

[18]) Aeltere Renteiregister.

[19]) Unter der Urkunde von 1497, angeführt Anm. 9.

II.
Dykhusen.

Dykhusen, im Kirchspiel Visquard, ein Nonnenkloster, Prediger=Ordens, wurde im Jahre 1378 gestiftet. Die Häuptlinge Occo ten Brock, Folkmar Allena zu Osterhusen und Hero Ailts zu Großfaldern erwarben den Grund und Boden von einem Luppo, welchen sie, mit Beihülfe Lauwerts von Westerhusen, durch gewisse, ihm auf Lebenlang zugesicherte, Einkünfte abfanden. Sie erbauten das Kloster mit Genehmigung des Bischofs und des Domkapitels zu Münster, widmeten es der heil. Margaretha, und besetzten es mit Schwestern aus Reide. Occo's Schwägerin, der bösen Foelke Schwester, war die erste Priorin [1]).

Es war auch ein männlicher Vorstand, im J. 1380 einer, Luppold, der am Tage der Himmelfahrt Mariä an Occo und Folkmar über Einnahme und Ausgabe des Convents Rechenschaft geben mußte [2]).

Im J. 1382, am Abend des Jacobstages, nahmen Edo Wimken von Rüstringen, Lauwert Idzinga von Norden und Popke Inema von Ostringen das Kloster und die Schwestern in Schutz [3]). Wird hier abermals ein

---

[1]) *Beninga chron.* S. 154.
[2]) Das. S. 157.
[3]) *Beninga chron.* S 158.

Jbzinga als Begünstiger eines Dominikanerstifts genannt, so liegt die Frage nahe: ob etwa der Prediger=Orden in Ostfriesland entschieden auf der Seite einer Partei gestanden habe?

Wie das Kloster in der Folge bestanden und gewaltet habe, ist nicht bekannt. Im J. 1531 wurde es durch Balthasar von Esens eingeäschert, und nicht wieder erbaut. Die Conventualen wurden zu Appingen untergebracht, die Ländereien, welche sie selbst benutzten, 360 Grasen, verpachtet, ihnen jedoch die Einkünfte belassen [4]). Später verfiel alles Besitzthum den Domainen.

[4]) Die Verhandlungen bei *Harckenroth* in der Anm. zu *Beninga* S. 680 — 682. War Appingen Vorwerk des Klosters? Siehe bei den Johanniter=Gütern.

Das Franziskaner-Kloster zu Emden.

Faldern.

Das einzige Kloster, welches die Franziskaner oder Minderbrüder in Ostfriesland besaßen, war in dem Orte Großfaldern, ehemals neben Kleinfaldern, einem Dorfe bei Emden, dann einer Vorstadt von Emden, und endlich seit 1570 einem Theile der Stadt.

Die Zeit der Stiftung ist unbekannt. Im J. 1369 wurde das Kloster mit der damaligen Stadt Emden durch eine hölzerne Brücke über den im Westen von Faldern fließenden Delft in Verbindung gesetzt, zur Verhütung alles Mißbrauchs aber an der Ostseite der Brücke eine Mauer mit zwei Thoren erbaut [1]).

Der Convent stand unter einem Gardian. Der Gardian Gerhard bezeugte am Tage Elisabeth, im J. 1382, sein Vorgänger Bernhard habe dem Stift Langen drei Bücher, das Decret, die Decretalen und einen Auszug der Rechtssätze für 63 goldene Französische Schilde mit der Bedingung verpfändet, daß sie bis zum nächsten

---

[1]) *Emmius p.* 210.

Michaelstag eingelöset werden, oder an Langen verfallen sollten ²).

Am Agathen-Tage des Jahres 1465 bescheinigte der Gardian Johan Grubbe mit dem Vice-Gardian Johan Meyerten, und dem Lesemeister Heinrich von Emmerich den Empfang des Antheils, welchen das Kloster an einem ihm und der Kirche zu Emden gemachten Geschenk gewisser Güter hatte ³).

Bis dahin war das Kloster mit Gaudenten besetzt. Weil über deren Zuchtlosigkeit viele Klagen laut wurden, veranstaltete Graf Edzard, im J. 1495, mit Hülfe der geistlichen Obern, daß jene auszogen, und ließ das Haus mit Observanten besetzen ⁴).

Im J. 1503 verkauften die Procuratoren der Observanten zu Faldern dem Convent zu Langen eine Hausstelle zu Emden für 105 Rhein. Goldgulden, und im J. 1510 die Vorsteher der Observanten, Heinrich Kramer und seine Genossen, an Eilert zu Boneburg einen Warf von 40 Fuß zu Emden, neben dem Warf des Probstes zu Langen, für 20½ Goldgulden. Käufer trat diesen nachher an Langen ab ⁵).

Im J. 1527 wird ein Antonius als Vorsteher des Klosters angeführt ⁶).

Nachher wurde das Kloster, noch während des Auf-

---

²) Langensche Urkunden, Seite 23ᵇ. Das eine Buch heißt: *Summam directoriam juris.* Ein *frater Wyardus, conventualis Groniensis & tunc temporis custodie daventrie custos* genehmigte die Verpfändung.

³) *Harckenroth* Anm. zu *Beninga* S. 363.

⁴) *Beninga* S. 463.

⁵) Langensche Urk.-Samml. S. 112ᵇ und S. 124.

⁶) Nach einem Origin.-Doc. vom J. 1535 unter den zu Langen gehörenden Urkunden.

enthalts der Mönche in demselben, zum Armen- oder Gasthause benutzt. Zuletzt scheinen die Brüder nur aus Mitleiden geduldet und ihrer Einkünfte beraubt zu seyn. Denn am 26. August 1554 beklagen vier, wie sie sich nennen, arme Brüder des Convents zu Emden, Gerhard von Mecheln, Bartholomäus von Hall, Herman Doesburg und Theodorus sich bitterlich bei der Gräfin Anna über ihre Noth. Sie wären, sagen sie, durch die zunehmende Zahl der Armen, in ihrer Leibesnothdurft verkürzt, arm, nackt und blos. Sie bitten um etwa 300 Gulden zur Bezahlung ihrer Schulden und zur Anschaffung von Kleidern und andern Bedürfnissen, auch um Herausgabe ihrer Bücher, welche Niemanden nützten. Sie wollten dann abreisen. Die Gräfin sandte erst am 21. October 1557 die Bittschrift an Bürgermeister und Rath mit dem Auftrag: zu trachten, »daß Wir mit Fug der gedachten Mönche entledigt werden,« nachdem bisherige Unterhandlungen zur Verwandlung des Klosters in ein Gasthaus nicht gefruchtet hätten [7]). Die Sache kam im J. 1561 zu Stande [8]). Die Mönche verließen, mit einem Geschenk und ihren Büchern ausgestattet, ihre bisherige Wohnung.

---

[7]) Die Bittschrift, in schlechtem Holländischen verfaßt, ist, nebst dem Rescripte der Gräfin, das einzige Stück, welches wegen des Klosters und seiner Aufhebung im Rathhause zu Emden vorhanden ist. Beninga erzählt in seiner Chronik S. 846: die Aufhebung sey schon 1557 geschehen, und nimmt neben den vier oben angeführten Mönchen, von welchen der Dritte bei ihm Hartmann von Dustert heißt, noch zwei, Johann von Emden und Numerus Elector als diejenigen, welche das Kloster der Gräfin überwiesen hätten. Der letzte Name wird *Numerus electorum* zu lesen seyn und Ausschuß oder dergleichen bedeuten. Er steht auch zuerst.

[8]) Bericht des Drosten T. von Knyphausen und des Bürgermeisters Lent zu Emden vom 4. Februar 1561 bei Brenneysen Th. 1 Bd. 5. S. 238.

Mittlerweile war Bruder Hermann Doesburg von der Gräfin zum Probst, eigentlich wohl nur zum Verwalter, des Klosters Langen bestellt [9]).

Jetzt wurde das Kloster ganz zum Gasthause eingerichtet, und die Klosterkirche dem reformirten Gottesdienst eingeräumt. So stehen beide noch da, im Gasthause noch vieles in der alten Gestalt. Die Kirche hatte früher schöne Glasmalereien, von welchen ein Fenster, die 7 Werke der Barmherzigkeit darstellend, vielleicht schon vor der Reformation da gewesen seyn mag. Ein zweites prangte mit den Wappen verschiedener niederländischen Familien, welche, von den Spaniern vertrieben, in Emden Aufnahme gefunden hatten. Die unglaubliche Sorglosigkeit der spätern Zeit hatte Alles so verwahrloset, daß die Malerei vor mehreren Jahren bei Seite gebracht werden mußte.

Von Besitzungen des Klosters außerhalb der Stadt ist nichts bekannt.

[9]) Siehe bei Langen.

Johanniter-Güter.

Zu welcher Zeit und auf welche Weise der Johanniter-Orden zuerst in Ostfriesland festen Fuß gefaßt habe, ist unbekannt. Wahrscheinlich hat er von Westphalen und dem Stifte Münster aus seine Ansiedelung begonnen, so daß die Güter, welche er im Süden der Provinz besaß, die ältesten seyn dürften. Schon in der letzten Hälfte des 13ten Jahrhunderts war er in Reiderland ansässig und wurde es in der Folge auch in andern Theilen des Landes. Der Orden hatte sowohl Ordenshäuser oder Klöster, deren Bevölkerung, wenigstens in den meisten, aus Personen beiderlei Geschlechts bestand [1]) und welche, insgesammt dem Hause Steinfurt unterworfen, jedes von einem Comthur regiert wurden, als Vorwerke, die einem oder andern jener Klöster eigenthümlich gehörten und von denselben benutzt wurden.

Die einzelnen Besitzungen waren, vom Süden anfangend, und zwar zuerst am linken Emsufer

1) Dünebrook [2]),

im Kirchspiel Wymeer, nahe an der Gränze gegen die Provinz Groningen, und von der Gränze des Niederstifts

---

[1]) Von verschiedenen geht es ausdrücklich aus den Urkunden hervor.

[2]) Von Dünebrook sind nur vier Urkunden erhalten, die älteste ist von 1502.

Münster nicht weit entfernt. Da im Süden des Klosters der große Haide- und Moorstrich bald anfängt, so mag dasselbe den Boden der Umgebung zuerst in Cultur gesetzt haben. Die Zeit der Errichtung ist jedoch unbekannt, auch von seiner Geschichte sind wenig Nachrichten geblieben. Im J. 1521 hatte es unter dem Comthur Arnold einen Streit mit den benachbarten Bellingwoldern wegen einer großen Strecke Landes, in welchem durch den Bischof von Münster und den Grafen Edzard Entscheidung erfolgte [3]. Als im J. 1547 die Kaiserlichen Völker unter Harbert von Langen Reiderland besetzten, wurde Dünebrook von ihnen geplündert [4]. Ob es damals noch im Besitz des Ordens, oder schon von dem Landesherrn in Beschlag genommen war, erhellt nicht, jedenfalls bestand die Comthurwürde bis zum Jahre 1562. In diesem verpachtete Gräfin Anna dem Comthur das Kloster mit dem Grashause für 200 Thaler [5]. Später, 1583, wurde es in Erbpacht ausgegeben. Doch blieb noch manches vom Lande ringsumher, nebst der Mühle, dem Fiscus.

2) Jemgum,

im Flecken dieses Namens. Es war zu Ende des 13ten Jahrhunderts schon vorhanden. Im J. 1284, am 2ten Feiertage in der Pfingstwoche, verkaufte Bischof Eberhard von Münster dem Comthur zu Steinfurt, aus den Gütern, welche er in Friesland von der Abtei Werden erworben hatte, den Hof zu Holtgast, und alle Besitzungen in Winsum, mit dem, diesen und jenem anklebenden Patronat über einige nicht genannte Kirchen, und bestimmte alles zur Benutzung der Ordenshäuser zu Jemgum und

---

[3] Wiarda Ostfr. Gesch. Th. 2. S. 366 nach Beninga.

[4] *Beninga chron.* S. 796.

[5] Archival-Urkunde vom 1. Januar 1562.

Warfum⁶). Wo letzteres gewesen, ist unbekannt. Jemgum erhielt Holtgast, dessen Kirche die älteste in Reiderland gewesen seyn soll⁷), vielleicht von Werden aus gestiftet ist. Noch übt der Landesherr in dortiger Gemeinde das Patronat aus.

Die Comthurei besaß auch eine Kirche in dem Flecken Jemgum selbst. Im Jahre 1401, am Tage Peters und Pauls, überließ Comthur Bernard, »mit Bewilligung aller Bürger zu Jemgum, deren Versammlung er durch die Gunst der göttlichen Vorsehung vorsaß,« der Pfarrkirche daselbst jene Kirche mit allen ihren Gütern zum Eigenthum, um aus diesen eine Vicarei zu gründen, machte jedoch zur Bedingung, daß nicht allein sein Haus künftig mit dem Unterhalt nichts zu schaffen habe, sondern auch die Pfarrleute zu Jemgum den Convent nie mehr »wegen der abgeschmackten und ungewöhnlichen Mißbräuche und wegen der St. Stephans-Gelage, welche sie jährlich zur Verwirrung der Menschen und zum Schaden der Seelen, im Kloster zu halten pflegten,« beunruhigen sollten⁸). Die übertragene Kirche soll die jetzige Pfarrkirche seyn, weil die frühere im Kriege zerstört worden⁹).

---

⁶) Die Urkunde mit der Bestätigung durch das Dom-Capitel ist Beilage XIII. abgedruckt. Eberhard erwarb die Güter von Werden im J. 1282. Die Urkunde bei Niesert Bd. 1. Abth. 1. S. 100.

⁷) *Emmii descr. chorogr. p. 36.*

⁸) *Nec non iidem parochiales nunquam predictum conventum propter corruptas & insolitas abusiones & beati Stephani potationes quas predicti parochiales annuatim in conventu sepe dicto in confusionem hominum & animarum detrimentum facere solebant, inquietant,* heißt es in der Urkunde im Archiv. Der Stephanstag (der zweite Weihnachtstag) wurde auch anderwärts lustig gefeiert.

⁹) Arends Erdbeschr. S. 267.

Im J. 1496, Sonnabend nach Petri Kettenfeier, verkauften die Grafen Edzard und Uko dem Convent 100 Diemathe von dem neueingedeichten Lande bei Holtgast für 350 Rhein. Gulden, und zwar nur um diesen Preis und nicht höher, weil das Kloster nach Holtgast, an die Stelle des Vorwerks, übergebracht und versetzt werden sollte. Auch wurde bedungen, daß der Convent nie weitere Ansprüche an dem übrigen Eingedeichten machen solle. Brüder und Schwestern des Johanniter-Ordens zu Jemgum machten an demselben Tage sich zu der Bedingung anheischig [10]).

Ob die Verlegung erfolgt sey, und ob das jetzige Jemgumer Kloster die Stelle des Ordenshauses oder nur des Vorwerks bezeichne, ist unbekannt [11]).

Am rechten Emsufer waren

3) Langholt,

im Süden der Leda, in einer rings von Haide und Moor umgebenen Gegend, nahe an der Gränze des Niederstifts Münster, folglich vielleicht das älteste an dieser Seite. Burlage wird als Vorwerk dazu gehört haben, denn dieses wird nirgends als besonderes Haus erwähnt. Von der Geschichte Langholts vor der Reformation hat sich nichts erhalten. Die spätere kommt unten vor.

4) Mude.

Dieses lag weiter gen Westen auf der Landspitze, welche die Vereinigung der Leda mit der Ems bildet, im Süden der ersten, gegen Leerort über.

---

[10]) Beide Documente im Archiv.
[11]) Von Jemgum sind überhaupt 30 Documente im Archiv.

Es wurde, im J. 1361, als Erdbeben und Ueberschwemmungen die Menschen erschreckten, gestiftet. Ob und wie viel von Landeseinwohnern dazu beigetragen worden, wird nicht berichtet [12]).

Das Kloster besaß ein Vorwerk zu Petkumermönken, und mit demselben das Patronat der Kirche zu Petkum. Die bisherigen Patrone und die Einwohner dieses Dorfes trugen, im J. 1408, am Apollonientage, in Gegenwart des Probstes Hisko, dem Ordenshause Mude jenes Recht mit der Bedingung über, daß der Orden stets für Besetzung der Pfarre mit einem geschickten Priester sorgen solle [13]). Vier Jahre später befahl der Comthur zu Steinfurt, als Ordensmeister in Friesland, dem Comthur Aynard zu Mude, daß er die Rechte des Ordens an die Kirche von der Kanzel bekannt machen lassen solle [14]).

Auch hatte Mude schon vor der Hälfte des 15ten Jahrhunderts ein Vorwerk zu Halte [15]).

Im J. 1483, Sonntag nach Dorotheen, ließ Rolf van Langen, Knappe, einen Hörigen zu Hetel, im Kirchspiel Plantlüne, frei, um sich in das Kloster Mude zu begeben. 1510, am Katharinen-Tage, vermachte der Pfarrer Herbert zu Driver dem Convent 20 Philipsgulden [16]).

Der letzte Comthur war Berend von Hage. Er übertrug am 28. Januar 1561 der Gräfin Anna das ganze Haus mit Zubehör für 200 Thaler und eine jährliche Rente von 100 Thalern, auch Unterstützung seines

---

[12]) *Emmii hist.* S. 206.

[13]) Das Document im Archiv. In demselben und dem folgenden heißt Petkum *Patium*, wie noch jetzt Petjem. Jetzt steht das Patronat in Petkum dem Besitzer der Herrlichkeit zu.

[14]) Document von 1412 am Stephanstage im Archiv.

[15]) Desgl. von 1439 am Gregorientage daselbst.

[16]) Document im Archiv.

natürlichen Sohnes in den Studien [17]). Seit der Zeit kam das Kloster sammt Halte zu den Domainen. Die Klostergebäude hatten schon früher gelitten, denn bereits im Jahre 1562 war die Kirche geschleift, und das Material zur Besserung der Kirche zu Jemgum verwendet [18]). Noch ist anzuführen, daß früher bei Mude ein berühmter Jahrmarkt, vielleicht zur Kirchweihe, gehalten wurde, zu welchem, wie es scheint, vorzüglich Holzwaaren aus Münsterland kamen [19]).

5) Hasselt,

an der Nordseite der Leda, unweit des Klosters Barthe.

6) Hesel,

etwas weiter gen Nordwesten, früher Heßle genannt.

7) Brokzetel,

auch Bokesate, mehr nach Westen belegen.

Alle drei lagen in der Haide. Sie werden nur als Ordenshäuser erwähnt, ohne weitere Nachrichten als diejenigen, welche unten vorkommen.

8) Heiselhusen.

Das Ordenshaus zu Goldhorn, in der jetzigen Provinz Groningen [20]), besaß zu Anfang des 15ten Jahrhunderts ein Vorwerk zu Heiselhusen, im Kirchspiel Kampen,

---

[17]) Document im Archiv.

[18]) *Beninga chron.* S. 842.

[19]) Wiarda Ostfr. Gesch. Th. 2. S. 355 und der dort angeführte Vers.

[20]) Es stand in einem Dorfe gleiches Namens, welches ungefähr in der Mitte zwischen Midwolde und Wagenborgen lag, und größtentheils mit dem Kloster in der letzten Hälfte des 15ten Jahrhunderts ein Raub des Dollarts wurde. Deßhalb wird es auch unter den versunkenen Dörfern genannt.

Amts Emden. Im Jahre 1423, an der Octave nach Epiphaniä, schenkte Brunger, Häuptling zu Loquard, den Brüdern zu Goldhorn und Namens ihrer den zu Heiselhusen sich aufhaltenden Conventualen, sein Erbe und seine Hofstätte daselbst, mit der Bedingung, daß sie davon der Kirche zu Kampen, Pacht und Pröven geben sollten, wie andere Hausleute; sollten sie dort eine Kirche oder Kapelle bauen, so sollen sie in dem Loquarber oder Kampener Hamrich fürder kein Land kaufen; würde ihnen Land daselbst geschenkt, so solle den Verwandten die Einlösung zustehen. Im Jahre 1435 kauften jedoch der Comthur Enno zu Goldhorn und Bruder Hayo, der Hofmeister zu Heiselhusen, noch 4 Grasen in dem Kamper Hamrich hinzu.

Das Vorwerk Heiselhusen wurde bald so ansehnlich, daß zwischen seinen Bewohnern und dem Mutterkloster Uneinigkeit entstand. Der Balleyer von Westphalen, Comthur zu Steinfurt, entschied am Margarethen-Tage des Jahrs 1446, zwischen dem Comthur Folkert zu Goldhorn und seinem Convente, sodann Herrn Aken, sammt den gemeinen Brüdern und Schwestern zu Heiselhusen dahin, daß, nach dem Beschluß des Ordenscapitels zu Groningen, das Vorwerk zu einem besondern Ordenshause, den andern Conventen oder Häusern gleich, erhoben und dem Hause Steinfurt untergeben seyn, demselben auch jährlich 3 Rhein. Gulden zinsen solle [21]).

Das neue Kloster bestand bis zum J. 1492, in welchem es mit Abbenweer vereinigt wurde. Von Zwischen-Begebenheiten ist nichts bekannt.

9) Abbenweer,

oder Abbingweer, an der nordöstlichen Ecke des Amts Em-

---

[21]) Alles Angeführte nach drei Urkunden im Archiv zu Aurich.

ben, gegen das Amt Aurich hin. Die Zeit der Stiftung des Ordenshauses daselbst ist unbekannt. Doch bestand dasselbe schon im 14ten Jahrhundert. Denn bereits 1402, am zweiten Mittwochen nach Ostern, schenkten Keno, Häuptling in Brockmerland und Auricherland, Enne, Häuptling zu Pilsum und einige Eingesessene zu Uttum, den Brüdern und Schwestern zu Abbingweer, die Dorfstätte zu Midelstum bei Uttum. Das Kloster errichtete daselbst ein Vorwerk, welches durch Geschenke und Ankäufe sich vergrößerte [22]). Auch das in der Nähe desselben belegene Papetjuch gehörte dazu. Wie in der ersten Hälfte des 15ten Jahrhunderts der Syhl zu Osterhusen einging, wurde alles Land der Umgegend zu dem neu erbauten Emder Syhl geschlagen [23]).

Gegen Ende des Jahrhunderts erhielt das Haus mächtigen Zuwachs. Denn der Comthur Herbert von Snetlage zu Steinfurt, Priester in Friesland, verordnete 1492, am Tage Cosmi und Damiani, um sonderlicher Sache willen, zum Nutzen des Ordens, und um Gottes Dienst zu vermehren, daß das bisherige Ordenshaus Heiselhusen in Abbingweer einverleibt werden, und mit Land,

---

[22]) Unter den 43 Urkunden, welche von diesem Kloster im Archiv vorhanden sind, ist jene Schenkung und verschiedene Erwerb=Documente.

[23]) Daselbst, ein kleines Büchlein, von 4 Pergamentblättern, mit der Ueberschrift: *Nota dyt is de gantze hammerke un dat ghemene lant unde erve van Mydelstumer hammerke als dat no scheten schal to den zyle to embden van osterhuser zylrecht weghen na rade unde willen heren deetleves Bremer amptman der hamborger no ter tyt to emeden unde Wyard hofftling to Uphusen anno MCCCCXXXVII crastino die philippi & Yacobi apost.* Unter dem verzeichneten Lande findet sich *Papentiuch XXXVII gr.* Zuletzt folgen noch einige Notizen von Ländereien *per manum Eltati presb.*

Sand und allem Zubehör, dahin verfallen solle. — Gleicherweise vereinigte er im J. 1499, am Martinstage, die Ordenshäuser Hasselt, Hesel und Brokzetel mit Abbenweer, dergestalt, daß der Comthur des jetzigen Haupthauses fünf Ordensherren neben sich halten solle, um täglich zusammen im Chor die Hora zu lesen, und Messe, Vesper und Complete zu singen, daß Hesel ohne sein und des Convents zu Steinfurt Vorwissen nicht verpachtet, auch ein Priester daselbst gehalten werden solle. Die Gerechtigkeiten Steinfurts aus den eingeschmolzenen Klöstern wurden vorbehalten. Graf Edzard bestätigte diese Verfügung am Nicolai-Tage desselben Jahrs [24]).

Im 15ten Jahrhundert werden als Comthuren zu Abbingweer genannt: Nithard 1412, Ayde 1440 und 1458, Heinrich 1475, Abbe 1478, Awe 1491. Die Namen lassen schließen, daß auch Ostfriesen zu der Würde gelangten.

Später wird Johan von Münster erwähnt. Er lieh 100 Reichsthaler auf Midelstum, welche sein Nachfolger Heinrich von Nymwegen, im Jahre 1513, abtrug, jedoch später noch Prozeß darüber führen mußte.

Dieser Heinrich verheuerte, im J. 1523, den Hof zu Heiselhusen auf unbestimmte Zeit, jedoch zu jährlicher Kündigung, für 47 Ember Gulden. Der Contract ist das letzte Zeichen des Daseyns des Convents [25]). — Von seinen Gütern ist Midelstum noch jetzt Domainengut.

10) Burmöncken.

Daß hier, im Kirchspiele Leerhafe, in dem nordöstlichen Theile der Provinz, eine Johanniter-Commende gewesen, geht aus einem Actenstück vom J. 1443 hervor, in wel-

---

[24]) Drei Documente im Archiv zu Aurich.

[25]) Die obigen Nachrichten sind ebenfalls verschiedenen Archival-Urkunden entnommen.

chem des Comthurs zu Burmöncken gedacht wird [26]). Setzt man noch hinzu, daß, im J. 1473, Ritter Sibo von Dornum dem Stifte einige Füllen vermachte, und daß im J. 1512 Graf Edzard und Junker Christoph von Jever in dem Kloster eine Zusammenkunft hatten, so ist dieses Alles, welches von dem Convente bekannt ist. Die Kirche ist wahrscheinlich im Jahre 1558 abgebrochen, nachdem die Gebäude vorher im Kriege beschädigt worden [27]).

Man hat auch

11) Appingen,

im Kirchspiel Visquard, Amts Greetsyhl, als Commende angeführt, es fehlt aber an allem Beweise, mit Ausnahme eines sogleich näher zu erwähnenden Inventars vom Jahre 1599. Es frägt sich, ob der Verfasser oder einer seiner Abschreiber nicht statt Abbingweer, Appingen geschrieben habe, oder ob nicht hier dasselbe zutreffe, welches von andern daselbst verzeichneten, nie im Besitz des Ordens gewesenen Gütern gilt. Daß Appingen irgend einer geistlichen Anstalt zugestanden habe, ist nicht zu bezweifeln; auch ist es noch jetzt Domaine. Vielleicht war es ein Vorwerk von Dykhusen.

Bei einigen der namhaft gemachten Ordenshäuser ist schon bemerkt, daß sie nach der Reformation von dem Landesherrn in Besitz genommen worden. Man darf annehmen, daß dieses bei Allen geschehen sey. Eben die Besitznahme verwickelte jedoch das gräfliche Regierhaus in viele Weitläuftigkeiten.

[26]) *De weerdige unde eerhaftige Heeren Commelduyren van Buiresmonniken etc. Beninga chron.* S. 320.

[27]) Arends Erdbeschr. S. 509.

Der Orden stellte, im J. 1549, Klage auf Zurückgabe und Entschädigung bei dem Reichs=Cammergericht an. Nachdem die Sache verschiedene Jahre vorgeschwebt hatte, wurden der Bischof Johan von Münster und der Herzog Wilhelm von Jülich beauftragt, an der Beilegung zu arbeiten. Ihr Subdelegirter, der Münstersche Hofmarschall Herman von Vele, brachte am 8. September 1574, zwischen den Comthuren Herman von Hövel zu Steinfurt und Heinrich von Ledebur zu Lage, Namens des Ordens, und dem Grafen Edzard II. den Vergleich dahin zu Stande, daß der Graf zwei Ordenshäuser, nämlich Langholt und Hasselt, mit allen Vorwerken, Gülten, Renten und andern Zubehörungen zurückgebe, der Orden dagegen von allen andern eingezogenen Häusern absehe, namentlich auch Stikelkamp, welches er selbst in Erbpacht verliehen, und Brokzetel, welches der Graf vermeiert habe, nicht wieder erhalte, der Graf aber für diese Abtretung dem Orden 6500 Rthlr., und zwar 2000 Rthlr. bei Ausantwortung der zurückzugebenden Häuser, das übrige in den nächsten drei Jahren ohne Zinsen bezahle. Wegen der Gerichtsbarkeit, der Jagd u. s. w. wurden einige Bestimmungen hinzugefügt.

Am 25. März 1580 verkaufte der Graf dem Comthur Herman von Hövel seinen Heerd zu Holtgast (wahrscheinlich das ehemalige Vorwerk des Klosters Jemgum) für 3500 Rthlr., so daß es dem Käufer überlassen wurde, ob er ihn selbst behalten, oder den Orden eintreten lassen wolle. Zugleich quitirte der Graf für den Kaufschilling, dagegen quitirte der Comthur, für den Orden, dem Grafen, wegen 3500 Rthlr., als auf Abschlag des Vergleichs entrichtet.

Der Orden genehmigte den Ankauf des Heerdes nicht, und es entstand neuer Streit, um so mehr als Langholt und Hasselt gar nicht geräumt zu seyn scheinen.

Während des nun fortgesetzten Prozesses wurde am

9. Juni 1599, angeblich aus Anzeichnungen des Comthurs von Ledebur zu Lage, von Seiten des Ordens, eine Nachweisung seiner sämmtlichen Güter in Ostfriesland aufgestellt, in welchem, mit Weglassung der ihm zurück versprochenen, alles unter 5 Comthureien, nämlich die Haupt=Comthurei zu Jemgum, die Kapelle zu Holtgast, die Priester=Comthurei zur Mude, die Comthurei zu Dünebrock und, wie schon angeführt, die Comthurei zu Appingen, gebracht wird. Zugleich werden, unter den Zubehörungen der einzelnen Häuser, neben unbezweifelten Ordensgütern, z. B. bei Appingen (Abbingweer), verschiedene namhaft gemacht, welche den Johannitern niemals gehört haben, z. B. Aland, Blauhaus u. A., so daß im Ganzen mehr als 7100 Grasen herauskommen. Man kann sich des Gedankens nicht erwehren, daß der Orden, damals noch ein wichtiger politischer Körper, mittelst einer Art von Reunion, von den früher der Geistlichkeit zustehenden Besitzungen, so viel möglich sich habe aneignen wollen!

Am 26. Februar 1608 wurde erkannt, daß der Graf den Vergleich vom Jahre 1574 erfüllen, die beiden Häuser herausgeben, und die bedungenen 6500 Rthlr. bezahlen solle, wegen der 3500 Rthlr. aber lediglich sich an den von Hövel zu halten habe. Diese Entscheidung führte, am 27. September jenes Jahrs, einen neuen Vergleich herbei, in welchem Graf Enno, dem Comthur Heinrich von Berenstaw zu Lage und Herford und dem Ritter Conrad Schiffard von Merode, die Herausgabe von Langholt und Hasselt und Zahlung der 6500 Rthlr. versprach.

Am 19. Juni 1609 verkaufte der Graf den Heerd zu Holtgast anderweit an einen gewissen Jacob Cornelius für 3500 Rthlr., um mit dieser Summe eben so viel von der Forderung des Johanniter=Ordens zu bezahlen. Dadurch mochte zwar die Erfolglosigkeit des frühern Handels mit dem Comthur von Hövel gehoben seyn, es entstand aber ein neuer Prozeß wegen der Zinsen der 6500 Rthlr. seit dem Jahre 1574 und der von Langholt und Hasselt mittlerweile gezogenen Nutzungen, in welchem man denn, von Seiten des Ordens, mit der Nachweisung der Ordensgüter vom J. 1599 hervorrückte. Am 28. April 1620 wurde der Graf zu Zinsen und Nutzungen verurtheilt. Jene sind bezahlt, von diesen erhellet es nicht [28].

Im J. 1639 brachte ein Baron von Effern, kraft der ihm durch den König von Schweden gemachten Schenkung der Comthurei Lage, Ansprüche an die in des Grafen Besitz befindlichen Johanniter-Güter auf die Bahn, und versuchte die Einkünfte durch den Hessischen General Mylander mit militairischer Gewalt einziehen zu lassen. Der Graf verwandte sich bei der Landgräfin Amalia Elisabeth von Hessen, indem er sich auf den Besitz durch den Vergleich von 1574 berief. Die Landgräfin antwortete am 18/28. November aus Lippstadt, daß seinen Rechten kein Eintrag geschehen soll, und die Sache nur die, unstreitig zu Lage gehörenden Güter betreffe [29].

Der Anspruch scheint überhaupt ohne Folgen geblieben zu seyn. Auch behielt der Orden die Güter Langholt und Hasselt mit Zubehör in Besitz, bis der König von Holland sie zur Dotation des von ihm gestifteten Ordens einzog. Jetzt sind sie Eigenthum der Königlichen Klostercammer.

[28]) Die vorstehende Darstellung ist nach Archival-Acten und der mehr angeführten ungedruckten Abhandlung des Cammerraths Freese von den Domanial-Einkünften.

[29]) Die Verhandlungen sind im Archiv zu Aurich.

Anhang

von

einigen Urkunden

als

Beilagen.

Beilage I.
(Aus dem Archive zu Aurich.)

In nomine Domini Amen. Anno a nativitate dñJch ¹) MCCCCXX indictione undecima, die quinto Sabbathi Mensis Aprilis, Pontificatus sanctissimi in Christo Patris et Domini nostri Martini Pape quinti, anno suo decimo, in mei notarii publici ac testium inscriptorum ad hoc specialiter vocatorum et rogatorum praesentia, personaliter comparuerunt quam plures et nobiles nec non illustres viri Capitanei tutores Reiderlandae ac etiam Oldenamptes et produxerunt & portaverunt ad me unam rotulam, in qua erat scriptum divisio praediorum multorum territoriorum et ad futura praecavenda pericula petierunt a me, ut facerem publicum instrumentum, ne de cetero a nostris successoribus fieret altercatio confusio in territoriis; tenorem istius rulli scripsi de verbo ad verbum a principio usque ad finem.

Dytt is unnd Recht des gantzen landenn, dat plege to wesen in den oldenampten by woldato den gantzen Landen beste unnd dat voir waters noden und alman dat stedelick und vast sall holdenn, ellick in sin clufft offt in sin Recht als dat hört. Item in dat erste dat de ffimell Ee sall to slagen wesen up sünt Peters avent in der vasten

---

¹) Wahrscheinlich: *domini nostri Jesu Christi.*

und sall weder up daen wesen up alle gades hilligen avent, oick also wall sall to slagenn wesenn alle olde tiammingen offte wateringe als hirna beschreven steit, und in den oldeampten all umb belegen sint by woldenn.

Item de Sipe also gehetenn de gelegenn is tuschen der Ee und schemde, unnd dat convent to hilligerle und oick en schedinge is der beider stichten vann Munster und van osenbrugge, dat tuschen den olden ampte und Reiderlandt is gelegen, de is oick er water ut dragenn an den nyenn sloet offte monckensloet so geheten unnd gande is in Reiderlandt unnd van dat convent to hilligerle daellopen is an de santwech. Item de vorss. Sipe sall to slagen wesenn up dreen steden up sünte Peters avent und sal weder up dan wesen up sünte Michaelis avent. Item oick ander cleine Reveren de mogen waternn oick in de niensloet offte monckesloet also geheten, etlick nha horen loep datze nemant gen schadenn. Item neysloet de van dat convent to hilligerle daell graven is dair dat convent landt van beden ziden an de sandwech unnd des convents watertocht is unnd in Reiderland gelegen is, wente dat convent to hilligerle ganssliche alheel gelegen is in Reiderlandt vorschreven. Item so sall de vorss sloet oick to slagen wesen up sünt Peters avent und sall weder up dain wesen up sünt Michaelis avent. Item dese vorss Reveren als de Sipe und de Neysloet und oick ander clene Reveren vorss de sullen oer water tosamen ut dragen an den siell de dair geit doer denn sandwech und vort an Addensloet. Item de Siell de dair gait doer denn sandtwech, de sall wesen van waterloep twe voete wyet und twe hoich. Item de sandwech is utgande van der Exte van den wege de doer de Exte geit vort na der gast tho westerle und vort an beneden der gast na de meden. Item Addosloet licht by der westerzidt des Sandweges aldernaest und entphanget de wateringe de doer den Sandwech doer de Ziell is lopen ute nye sloet unnd van der Sipe vorss is comen, unnd vorss sloet is vort an waternn an de Suidwendinge, is vort an water an de Ee na Bruick unnd de Ee is vort an Wateren na den Schwaig und vort an to den siell to Munte de alle Oldeampts wateren utdragen. Item de Letze offte de Sipe also geheten, de gelegenn is tusschen meden und westerle und oick en schedinge tusschen beide Stichte offt Lande als vorss is, de sal oick to slagen wesen up sunt peters avent und sall weder up dain wesen up sunt Martens avent, und de vorss Letze offte Sipe also geheten sall oer water ut dragen in de de Sydtwendinge, In Reneke Grupe by mede Kerchhave, de sall stedelich to slagen wesen tusschen sunt peters dage und sunt Martens dage und de hoge dam sall oick to slagen wesen als vorss is, dat nemant gein schade en sche. Item alle ffeen de upte meden is de sall beslagen wesen dat dair gein schade van came. Item oick alle dat feen om dat cloester to hilligerle licht. Item de Sipe offte dat Rever dat gelegen is tusschen meden und Broick offt Muntendam sall oick to slagen wesen als vorss is. Item Muntendam und alle ander watertochten de sint tusschen Muntendam und Bruck de van olders plegenn to wesen de sallm to slaen, dat daer gein schade van en sche. Item de brugge to Bruck, de salm altydt heel holden sunder schadenn, also wall sullen de Exter buren de Sudtwendinge to holdenn heel, dat den gantzen lande gein schade en daer van kame dachlix; de Ee dyck sall allemann syn heel holden buten schadenn alle umme in de swage also wall sullen Scheemder und Mitwolder und Oistwolder buren den ffalcker dam wol to slain dat nement gein schaden enn sche und alman synn sile to holden so vast so starck, dat dair nement gein schade en sche. Item so plegen dair to wesenn twe Sile in der Exter Hamrick doer den Ehedyck in de Ee, de heet Tiartzenziel de heet Ubbinga ziell unnd elck sall wesen viff rothe wyt. Item de Tjamme de uit gainde vor by Reiderwolde by Twiddinga Borch tusschen Meyham unnd wiveldaham und doir dorpsenn, vortan uplopende vorby Sunte Niclaes Kercke van Oistfinsterwolde unnd vortan tusschen ffinsterwolde und de Beerte und dan vortan und vorup in dat Zuden unnd doer dat gantze meir inde Zipe de gelegen is tusschen der Exte und Scheemde und hilligerle als vorss is. De vorss Tiamme is ewich und wairachtige schedinge tusschen Reiderlandt und Oldenampte offt der beiden Stichten. Item vorss puncten sinnen behoeff to holden an beiden Siden der landen offt der beiden Stifften vorss offte dat landt by wolden in syn staet staen sall und mit guder luden hulpe, wente behoeff is dat beste luden des landes dat beste an sein.

Acta & facta hoc Anno indictione mense pontificatus quibus s̃. In praesentia discretorum virorum viij hic postea nominatorum positorum ad hoc vocatorum & rogatorum plurimorum aliorum, Eggo Addinga in Westerwolda, Gata Nomneka in Bunda, Wimcke in Ockoweir, Campo in Berum, Wyawert Hayens in Ulsda terra Reidensi capitanei, Elt Gockinga in Zuetbruick Capitaill, Duert Zebinga in Midwolda, Hemmo Hunninga in Oestwolda, Ecka Tamminga in Scheemde, Tiacka Tiddinga in Ext. Item so is dair oick en vry wilkoir und verdrach gemacket van den hovelingen und van den besten an beiden ziden unnd van den gantzen meinte van den Oldenampte und Reiderlande, dat nement zal den anderun lastich wesen offt schadelick in den anderen landen van beiden Ziden offte in beiden stichten in erve beesten in personen. Wer dat saicke, dat dair schege enich gewalt uit dat ene landt in den anderen de sal verboert hebben uit synn Guidt hundert fransche Schilde to den landes besten ann unnd ein geschein is, de helfte unsen gnedigen hernn van Munster offte van Osenbrugge elck in syn eigen sticht alse dair dat in gescheinn is offte to behoert und de macht und dat gewalt mit gantzen lande to kere unnd vor an unsen gnedigen Herrn an to ropen als de Bisschop van Munster offt de Bischop van Osenbrugge mit oren Ridderschup und dat gantse Capitull van beiden stichten also datse uns to hulpe kamen unnd de macht und dat gewalt dale to leggen und ore sulve stichten to beschermen und to corrigeren als dat behort.

Copia als eyns ludende mit sinen principaell etc. etc.

Auf der Rückseite steht:

Rechticheiten an etzliche dorper und grentze im olden ampte to der graveschup Ostfrieslandt behorig.

Vorstehendes ist der Text zweier, mehr oder weniger gleichlautenden Abschriften, deren keine auf irgend eine Weise beglaubigt ist. Die eine, augenscheinlich die ältere, besteht aus zweien Bogen in klein Folio, und ist mit der, gegen das Ende des Mittelalters, auch später noch, hier und in den Niederlanden gebrauchten, den deutschen Buchstaben sehr ähnlichen, Cursivschrift geschrieben. Die andere, auch zwei Bogen in gewöhnlichem Folio enthaltend, hat dagegen die im 17ten Jahrhundert in Ostfriesland und der Nachbarschaft gewöhnliche lateinische Cursivschrift. Sie scheint von der ersten abgeschrieben zu seyn, und hat blos am Ende einiger Wörter ein r oder n weggelassen, und nur ein einziger Schreibfehler: Ehedyk statt Eedyk, ein Irrthum, zu welchem die Schnörkel des E in der ältern Handschrift leicht verleiten konnten.

Die in beiden Abschriften aufbewahrte Urkunde trägt das Jahr 1421 an der Stirn. Mag der eigentliche Inhalt damals auch erst abgefaßt, oder, wie es aus der Fassung des Eingangs anscheint, schon früher zu Papier gebracht seyn: in dem einen und dem andern Falle bietet die Sprache keinen Grund dar, an der Aechtheit zu zweifeln. Denn sie stimmt ganz mit dem Plattdeutschen, welches in andern Documenten aus dem Anfang des 15ten Jahrhunderts vorkömmt.

Schotanus schreibt in seinen Geschichten von Ost- und Westfriesland S. 204 (übersetzt):

»Vor dem Ableben des Ritters Occo erneuerte sich ein alter Streit über die Gränzscheidung des hohen Reiderlands und der Wolden im Oldamt, welches nunmehr zusammen im Dollart ertrunken ist, wegen der Deiche und Wasserlösungen. Schon früher war darüber verglichen, jetzt aber durch Verlauf der Zeit neues Mißverständniß entstanden und ziemlich hoch gestiegen. Doch hat der Adel, im J. 1391, sich eines neuen Vergleichs befleißigt, so daß die alten Briefe wieder an den Tag gebracht und alle Bestimmungen älterer Zeit über Wasserlösungen und Schleusenöffnungen auf's neue angenommen und bestätigt wurden. Es standen in denselben viele Gewässer und Tiefen nebst andern Orten bezeichnet, welche zum

Theil jetzt den Einwohnern unbekannt und zum Theil in dem Dollart versunken sind. Insonderheit war die Scheidung zwischen Oldamt und Reiderland sorgfältig nachgewiesen, durch einen Fluß, Tjamme genannt, mit vielen Buchten und Krümmungen aus den Morästen kommend und sich in ein anderes schiffbares Wasser, die Ee, ergießend. Die Ee, aus Münsterland fließend, lief durch Westerwold und durch das im Dollart ertrunkene Land und mündete, mit einigen kleinen Gewässern von beiden Seiten bereichert, ehemals zwischen Ostreide und Westreide durch sieben weite Tiefen in die Ems. Zu der Zeit war aber ein großer Theil schon im Dollart untergegangen, so daß die Tjamme auch in den Dollart fiel. Zufolge dieser alten Landscheidung wurden damals zu Reiderland gerechnet: Jansum, Libbe, Ostreide, Lede, Garmede, Hommingam, Wimelham, Reidewolde (das reichste und größte Dorf der Gegend), das Kloster Palmar, Keppelbeerde, Torper, Marhusen, Hommingast, Ostfinserwold, jetzt alle zusammen im Dollart versunken. Ueberdem Beerte, Winschoten, Hilligerlee, Westerlee und ganz Westerwold, jetzt noch vorhanden. Auch war in der Urkunde erwähnt, daß dieses ebenfalls die Scheidung zwischen den Stiftern Münster und Osnabrück, von Alters her, gewesen und noch sey. Schiedsleute sind gewesen: Egge Abbinga von Westerwold, Ockel Moneka von Bunde, Wynke von Ockewier, Campe von Berum, Wierdt von Ulsden, Luert Hayes von Beerde, von einer Seite, für die von Reiderland; Tamme Gockinga von Süddrock, Sjurdt Sibbinga, Siebe Emena, beide von Midwolde, Hemme Huninga von Ostwolde, Eltke von Scheemde, Tiacke Tibbinga von Exte, für die vom Oldamt, zur andern Seite. Und diese selbige Sache ist durch dieselben Schiedsleute, mit Ausnahme oder Veränderung eines oder zweier, nach 28 Jahren feierlich erneuert, damit sie nicht in Vergessenheit gerathe.«

Vergleicht man mit dieser Erzählung unsere Urkunde, so ist es so gut wie gewiß, daß der plattdeutsche Inhalt den Vertrag von 1391 und das Ganze die spätere Erneuerung darstelle.

Die Verfügungen wegen Oeffnens und Schließens der Wasserzüge und Schleusen können uns ziemlich gleichgültig seyn, weil sie nichts weiter bezwecken, als zu verhüten, daß unmittelbar vor dem Anfang der Weidezeit und während derselben kein salziges Wasser in das Land komme und die Tränke verderbe.

Wichtig ist dagegen die Festsetzung der Gränze zwischen dem Oldamt und Reiderland, und zugleich zwischen den Bisthümern Münster und Osnabrück. Diejenigen Orte, welche Schotanus, als zu seiner Zeit noch vorhanden und zu dem einen oder andern Lande gehörend, erwähnt, sind alle noch da. Schon nach ihnen könnte man bestimmen, wie jene Gränze ungefähr ihren Lauf genommen habe. Es frägt sich aber, ob die wirklichen alten Scheidungen noch aufzufinden seyen. Sie sind sämmtlich in der jetzigen Niederländischen Provinz Groningen zu suchen. Als Wegweiser möge die Campsche Charte von Ostfriesland und die Beckeringsche von Groningen dienen, von welchen ein Auszug hier beigefügt ist.

Die hauptsächlich zu beachtenden Gegenstände sind die Flüsse Sipe und Tjamme. Außer ihnen wird die Ee genannt. Letztere soll, nach Schotanus, aus Münsterland gekommen und durch Westerwold geflossen seyn. Die Charte hat in dieser Herrlichkeit mehr als ein Wasser, welches den Namen Aa führt. Ee und Aa können als gleichbedeutend angenommen werden. Eben die Mehrheit macht es aber ungewiß, welche gemeint sey. Doch scheint die zwischen Bellingwolde und der Pekel-Aa fließende, mit welchem letztere sich verbindet, und welche dann die jetzige

Scheidung zwischen Groningen und Ostfriesland macht, am meisten in Betracht kommen zu müssen[1]).

Sipen müssen drei gewesen seyn. Die eine zwischen der Ee und Scheemda. Zwischen diesem Ort und der Pekel-Aa findet sich ein Gewässer. — Eine andere Sipe war zwischen Meeden und Westerlee. Dort führt ein Wasser, nach der Charte, den Namen Sipe noch und fällt in das so eben gedachte. — Die dritte floß zwischen Meeden und Müntedam, woselbst die Charte ebenfalls ein Flüßchen hat. Die ersten beiden Siepen machten die Scheidung zwischen den Stiftern. (Der Name, Leetze, den die eine auch hatte, bedeutet abermals Wasser. Er erscheint im Amte Norden noch in dem niedrigen Leetzweg und in Leetzdorf).

Auch den Sandweg möchte man in dem Weg antreffen, der ungefähr parallel mit dem Treckfahrts-Canal geht, und von Erte zu dem Weg zwischen Westerlee und Hilligerlee leitet. Das erste der angeführten Gewässer durchschneidet ihn; — da wird der Syhl gelegen haben.

Die Tjamme, ebenfalls ein allgemeiner Name, denn es ist auch von Tjammingen die Rede, floß zwischen Finsterwolde und Beerte, ging durch einen Landsee und stand in Verbindung mit der ersten Sipe. Die Charte hat zwischen jenen Dörfern die alte Tjamme; sie kömmt aus dem Ostwolder Meer und zwischen diesem und dem als die erste Sipe angenommenen Wasser ist kein großer Zwischenraum. Sie war auch die Gränze. Ihr Lauf wird in der Urkunde rückwärts beschrieben; denn Reiderwolde

---

[1]) Eben so nimmt Arends in s. Gesch. der Nordseeküste Bd. I. S. 326 die zwischen Ostfriesland und Groningen fließende Ee auch als diejenige an, welche bei dem Ursprung des Dollarts erwähnt wird, obgleich er in der irrigen Voraussetzung, diese Ee habe schon damals die Gränze gebildet, die Lage der Ortschaften nicht ganz richtig darstellt.

und Dorpsen (Torper) verschwanden im Dollart. Nach Schotanus mündete sie, im versunkenen Lande, in die Ee. Harckenroth in seiner Charte des Dollarts (in den Oorspronglijkheden [2]) hat die Ee bei Bellingwolde und die Tjamme in anderer Richtung als die Urkunde. Letztere fließt zwar bei Torpen, allein nicht zwischen Beerte und Finsterwolde, überhaupt gar nicht auf der stehen gebliebenen Erdzunge, auf welcher letztere Orte sammt Ostwolde u. s. w. liegen.

Nach den Angaben in der Urkunde und bei Schotanus ist nun die Gränze zwischen Oldamt und Reiderland und zwischen Münster und Osnabrück auf der beigefügten Charte roth gezogen, zugleich ist, nach den vorhandenen Spuren alter Deiche und den sparsamen Ueberlieferungen, der Umfang bezeichnet, welchen die Ueberschwemmung des Dollarts je gehabt hat. Im Anfang hielt, wie unten gezeigt wird, auch bei Palmar erwähnt ist, manches von dem überströmten Gebiet noch Stand; auch ist einiges in der Folge wieder eingedeicht, weil Swaag und Ulsben noch da sind.

Die Zeichnung ergiebt, daß die Tjamme, wie sie jetzt ist, zum Theil in ehemals versunkenem Lande ströme. Dort wird sie bis zur Wiedereindeichung als Niederung sich gehalten haben. Ihr Lauf weiter nordwärts ist nach der Ueberlieferung und der Harckenroth'schen Charte bemerkt. Nach letzterer fiel sie im Süden von Ockowier in die Ee, welche weiter nördlich zwischen Ost- und Westreide in die Ems mündete und daher wahrscheinlich die fernere Gränze gebildet haben wird.

[2]) Eigentlich aus Outhof: von den Wasserfluthen entnommen.

141

Zum Schluß stehe hier noch eine Stelle aus der Sühne zwischen den Eingesessenen der Provinz Groningen und den Ostfriesischen Häuptlingen Focke Uken, Hisco von Emden, Enno von Greetsyhl und Imel von Grimersum vom J. 1428, bei Wiarda in der Ostfr. Gesch. Th. 1. S. 435 angeführt und von Emmius, in seinen im Archiv zu Aurich bewahrten Papieren, abgeschrieben. Sie bezieht sich auf Wiedereindeichung eines Theils des beschädigten Landes:

Item alle de gene de dar wanen binnen den delffdyk, tho der Hogerbrugge tho, solenn helpenn den Oldampt einen dyk van Westerreide tho maken, de up in der wold in sulcker manier datt de ghene de wanen in damsater resscup, mit den genen de wanen vnder Hayo Ripperda gewelldett off gebaden solenn helpenn tho slaein den dorpman in Oldampt den dyck also lang vnd also våhre alse de Kleye werett vnd de andere de binnen dyken wanen mitt duirdistwolde solenn helpen Eppo tho Broke vnd den Oldeampt bi wolden den dyck vortt up to slaende in dem wolde, dar dat hem aller nuttest dunkett tho wesennde, vnd konen so den dyck aldus nicht slaen so schall men hem hulpe doen van alle vmlanden also vorgeschreven is.

Auf ähnliche Weise schlossen im Jahre 1454, Montags nach Cantate, die Bevollmächtigten der Stadt Groningen, Gosen van Dülck, Ulger van Nortbyk, Clawes ter Brüggen, Ludwig Hoernkingh, Kastellan, Johan Rengers und Eggerick Ripperda, an einer, und die Häuptlinge, Richter und die ganze Gemeinde des Oldamts an der andern Seite einen Vertrag, nach welchem sie haben

mit consente, vulborde ende bywesen der Ersamen heren prelaten, abte van der munten, abte van werum, provest van hilligherlee, Commendures van Osterwerum ende Golthorn, lieffliken ende vrentliken mit malckanderen begrepen verdragen ende eendrachtlike besloten van dye Reyder dyken tuschen palmaer ende ffinserwolde to maken, te eyndigen ende staande te holden.

Demzufolge sollte vor allen Dingen jeder, geistlich oder weltlich, sein Land angeben und verzeichnen lassen, welches

tusschen palmaer offte kadyk/ende ffinserwolde is ghelegen ende myt den nyen dyck gewonnen mach worden, up zeker tyde ende stede alss dat ghekundigt zal worden in onss mande landen, tot elker kerke drye,

wer sich nicht meldet soll

gheen ansprake beth hebben up dat land tot ewygen dagen.

Man fürchtete aber schon von Anfang an das Wegreißen des neu anzulegenden Deiches, und traf für diesen Fall Abrede. Obgleich der Deich noch in demselben Jahre zu Stande kam, war jene Furcht nicht ungegründet. Denn es sagten, am 19. April 1565, acht mehr oder weniger bejahrte Zeugen vor Statthalter und Hooftmannen zu Groningen aus, daß die Oerter Palmar, Swaegh und Tysweer von ihnen noch als bestehend gekannt, indessen nachher ganz untergegangen seyen, indem in den Jahren 1518, 19 und 20 Ebbe und Fluth nicht mehr hätten abgewehrt werden können.

Sowohl jenes Bündniß von 1454 als diese Zeugenkundschaft beruhen im Archive zu Groningen.

Beilage II.

1.

Original=Urkunde auf Pergament, im Archiv zu Au=rich, in dem Convolut, unter der Aufschrift: »Des Bremischen Dom=Capitels Prätension wegen einiger Meierheuer und Zehnten, von wegen deren Pfarr=Lehen=Arral, Nesse und Hage betreffend.«

Reverendis in dei filio dominis B. summo preposito Th. decano totique Capitulo ecclesie bremensis, popetatus de Norda, quicquid potest reverencie obsequii favoris & honoris. Cum summe indecens videatur, membra capiti, subditos superiori, violenciam justicie rebellare, hinc est quod ego protestacionem facio hiis scriptis omnibus & singulis presentibus & futuris, presencia visuris, me in Ecclesia Erle quam fratri meo carnali contulistis in beneficium, nichil iuris penitus habere, nisi quantum consequi poteram de vestre gracie largitate, nec deinceps vacante iam dicto beneficio vos in aliquo iure vestro impedire volo, sicut nec debeo, quin pocius libere ac sine omni gravamine prefatam ecclesiam cuicunque volueritis porrigere valeatis. In huius rei testimonium & confirmacionem sigillum terre nostre Nordensis duxi presentibus apponendum.

Großes Siegel in weißem Wachs, nur sehr beschädigt. Es ist, so weit es noch zu erkennen ist, ganz so wie das diesem Werke Beigegebene vom J. 1347, mit der Ausnahme, daß es an jeder Seite des h. Ludger nur einen Stern hat, und unten der Stern fehlt.

Die Urkunde wird der ersten Hälfte oder der Mitte des 15ten Jahrhunderts angehören. Poptatus oder Poppo kömmt als Abt des Klosters Marienthal bei Norden in den Jahren 1436 und 1440 vor. Wahrscheinlich ist dieser der Aussteller. Oder deuten Advocaten und Consuln auf eine frühere Zeit?

2.

Original auf Pergament, ebendaselbst, Plattdeutsch.
Conradus Clencke, Dombechant, und gemeines Capitel zu Bremen bezeugen, daß der Domherr und Sangmeister Johan Stenow zum Besten der Kirche zu Bremen

> syne kercken tho Erlle Resigneret und avergheven hefft de wy denn vorth der sulfften unser kercken uns unde unsen nakomelingen allenthalven to sture na ghebore und billiker nottrufft in corporeren hebben laten.

Der Sangmeister erhält 15 Rhein. Gulden aus den Zehnten to der Oesten. 1510 am Tage Elisabeth *viduæ.*

Das Siegel fehlt.
(Siehe weiter Beilage III, n. 5.)

Beilage III.

Im Archiv zu Aurich, in dem bei der vorigen Nummer angeführten Convolut.

1.

Original auf Pergament:

Ik Kene to Broke und Awerke etc. hoffling, bekenne und getughe openbaar in dessen jeghenwerdighen scrifft, dat ik hebbe affgekofft den erwerdighen in gode vadere und heren, heren Johanne Erstbischope der karcken to bremen, myt vulbort und willen der Erbaren heren Godschalkes deken und capitels darzulves vor twe hundert Rinsche gulden de ik hem degher und al wal betalet hebbe, de tegheden to Erle, to Nesse und to haghen, groot und luitik myt all oren rechte und tobehoringhe, alzo de van olden tyden to den stichte van Bremen hebben ghehoert, de ik schal boren und bruken myt aller nut und to behoringe, alzo vors. is myne lyfftucht. Wanneer myt aver to kort wert und ik vorkomen byn, so scholen myne kinder offte myne negesten erven der zulven tegheden bruken eyn gans jaer na mynen dode zunder des vors. Erstbischopes dekens und capittels hinder und wedersprake. Konnet dan myne kinder offte erven zik nyt en umme de vors. tegheden verghan und verdregen, des willen ze zunderlinx in gunst an en keren. Ok schal ik und wil des scholemesters van Bremen officialen und denre entfaen und holden to Erle van den zelven tegheden alleyne wan ze dar zeende holden alzo bet an dissen tyd zede und wonheit hefft gewesen. des ik tot eyner betugynge myn (ein Wort unleserlich, wahrscheinlich: zegel oder ähnliches) hebbe witliken gehangen heten an dessen breff de gheheven und screven is na Godes boert duzent veerhundert und in den tweffesten jare up zunte Johans daghe Baptisten.

Siegel in rothem Wachs: auf dem rechts geneigten Schild ein rechtsfehender Adler mit ausgebreiteten Flügeln. Im Felde keine Tinctur. Auf dem Helme ein rechtsfehender Adlerkopf. — Die Umschrift ist abgebröckelt.

2.

Original auf Pergament:

Ocke Kenes hovetlingh in Ostvrieschland kauft von demselben Erzbischof und Capitel die vorerwähnten Zehnten und das Meierland zu Erle, auf die nächsten 12 Jahre für 7 Bremer Marken, mit der gleichen Verpflichtung wegen des Scholasters von Bremen. 1418 am Martinitage.

Siegel in rothem Wachs, wie bei dem Vorigen. Umschrift: *S. Ockonis in brok. lant. Aw.*

3.

Original auf Pergament:

Ocko van dem Broke kauft vom Erzbischof Nicolaus und dem Capitel die Zehnten und das Meierland auf andere 12 Jahre eben so. 1432 am Valentinstage.

Siegel in weißem Wachs, unkenntlich.

4.

Original auf Pergament; Plattdeutsch:

Johannes Erzbischof zu Bremen verkauft dem Dombechanten und dem Capitel daselbst zehn Friesische Rhein. Gulden, jeder zu 32 Grote, die er und seine Vorfahren gehabt haben in den Zehnten Erle, Nesse und Hage in Friesland, für welche Rente mittelst der dafür gelöseten Summe er wieder erlanget hat seines Stiftes Haus und Pallast zu Bremen u. s. w. 1500, Montags nach Himmelfahrt.

Siegel des Erzbischofs.

5.

Original auf Pergament:

Edzard und Johann, Brüder, Grafen und Herren zu Ostfriesland, bekennen: Nachdem zwischen ihnen, dem Dombechanten und dem Capitel zu Bremen, Irrungen
»von wegen der Collation der Kirchen zu Arle
»und Neunzehen rieder Gulden jherlicher Pen=
»sion, so gemeltem Dom Capittell bei Zeiten
»Doctor Johan Hornemans auß bemelter Kir=

»chen, alß derselben Possessorn und Zehenden zu
»Arle Nesse und Hagen jherliches verrichtet wor=
»den, Und dan eines Orth Landes, die Rüschlage
»genannt, so auf des gedachten Dom Capittels
»zu Bremen landt, so sie bey dem Dorffe Arle
»liegen haben, sich erstrecket,«

sich erhoben haben, so hat Dechant und Capitel ih=
nen alle Rechte an der Kirche zu Arle und an jenen
Zehnten abgetreten, für 300 Rieder Gulden, jeden zu
38 Bremer Grote, und sollen jenen die Einkünfte
der Rüschlage, welche vor etwa 20 Jahren von dem
Befehlshaber zu Berum in Besitz genommen und
seitdem verheuert worden, erstattet werden. Gegeben
zu Stickhausen, Freitags nach Bartholomäi, 1574.

Siegel der Grafen und des Dom=Capittels.

Beilage IV.

Vertrag
zwischen den Ostfriesen und der Stadt Bremen.
1255.

Divina favente gracia. Abbas de Frebestum, Prepositus de Langene, seu Sigeberch, Prepositus de Insula, Decanus de Emetha, Decanus de Uttem, Decanus de Hint, Abbas de Norda, Abbas de scola Dei, Consules et tota plebs Emesgonie et Nordencium, Universis Christi fidelibus presentem paginam inspecturis eterne beatitudinis premia sempiterna. Cum secundum documenta nostra aliorumque considerata salute semper pacem pro posse nostro cum omnibus servare decreverimus, scire volumus tam natos quam nascituros quod omnis dissensio, que Diabolo suadente, inter Civitatem Bremen, ex una et terram nostram ex altera fuit orta, perpetua composicione est sopita et complanata, nec aliquatenus infringi debet, sed sine fine vigere. Veruntamen si casu sinistro emergente aliquis ex nostratibus pacem spoliando infregerit, spolium restituet, et cum amicis suis centum Marcis Monasterien monete Marca per XII. solidos numerata, in dimidio anno post spolium excessum suum emendabit, ad quod compellemus eundem. Cujus emende medietatem Civitas Bremen et terre nostre Decani, Consulesque recipient. Alioquin parrochia de qua nephas perpetratum esse dinoscitur, tam diu divinis, sicut per arbitrium elegerimus, carebit, donec spolium sit restitutum, et centum marce jam dicte persolute. Item qui cunque de nostratibus ex infortunio sive extra terram, sive intra terram aliquem de Bremensibus occiderit, si dijudicatur in illa sequetur emenda. Si vero dijudicatus non fuerit, XVI. Marcis prefate monete occisum reddet. Item si quispuiam ex nostratibus quempiam de Burgensibus Bremen mutilaverit, debilitaverit, vulneraverit, alapas dederit, vel alio quocunque modo inhoneste tractaverit, ubicunque locorum acciderit, prout justitia ejusdem loci requirit, emendabit. Item si ab Archiepiscopo Bremensi, seu ab aliquo suo in civitate Bremen constituto, nostratibus aliquod perturbacionis irrogatur, hic etiam emendatum habere volumus et e converso. Si Abbas vel Decani seu alii Prelati terre Emesgonie Bremenses aliquatenus infestaverint hic Bremen sicut dictum emendabitur. Videat eciam quilibet, cum quo mutuum contrahat, quia si accredit solvere non valenti, dum modo justicia non denegetur, eidem nullas occupaciones seu perturbationes hinc inde decrevimus sustinere et licet quidam excedant et satisfaciant, quia homines sumus et non angeli, tamen propter hec composicionem prefatam volumus observare ut sic pace perpetua gaudeamus. Ut autem hec composicio tam laudabilis rata et inconvulsa sine fine perseveret, presentem paginam conscribi fecimus et sigillis nostris roborari. Huic composicione interfuerunt Abbas de Norda Winandus. Abbas Menco de scola Dei, frater Helpricus Bremensis. Prepositus Focco de insula. Sitatus Orator,

Folpert Einretsa. Agga Alderes. Agga Ubbes. Dominus Henricus Reineldes. Adda Poppenga. Istam Composicionem servare iuraverunt Dominus Henricus Doneldey, Dominus Johannes filius Ghertrudis, Dominus Herwardus de Bersen, Dominus Luitfridus de Walle, Consules Bremenses, Dominus Johannes de Haren, Johannes de Borken, Dominus Siricus, Johannes Codeng, ceterique Burgenses quam plurimi, ex parte Emesgonum iuraverunt Decanus Dedda de Emetha. Benahildesethes. Dominus Ulgerus de Felerne. Memma de Felerne. Sebern Harenga, et Metta frater suus. Kempa Walekenga. Habba de Sutherhusen. Kempa de Felerne, et de diversis villis plures alii. Datum in Norda Anno Domini M°CC°L. quinto, quarta feria, ante Festum Georgii.

Anmerkungen.

Vorstehender Vertrag, dessen Urschrift in dem Archiv der freien Hansestadt Bremen aufbewahrt wird, ist zwar bereits durch J. P. Cassel in seiner »Sammlung ungedruckter Urkunden, welche die Geschichte der freien Reichsstadt Bremen in vorigen Zeiten aufklären,« Bremen 1768, S. 211 mitgetheilt; weil aber dieses Werk nicht sehr häufig vorkommt und der Inhalt des Documents ziemlich unbekannt ist, so erschien ein neuer Abdruck nicht unzweckmäßig. Es sind in demselben die Capitalbuchstaben zu Anfang der Eigennamen und vor jedem Satze, obgleich sie im Original sich nicht vorfinden, nach Cassel beibehalten; eben so die von ihm angenommene Interpunktion, diese jedoch mit der Ausnahme, daß, bei einigen Namen am Schlusse, zur bessern Trennung, die ursprünglichen Punkte geblieben sind. Diejenigen Namen, welche Cassel nicht richtig gelesen hatte, sind nach dem Urtext verbessert.

Unter den Namen im Eingange ist der Abt von Frebestum schwer auszumitteln. Der Ort kann nur Freepsum seyn, im Register von 1497, bei v. Ledebur: »Die 5 Münsterschen Gauen u. s. w.,« S. 119, Frebesum genannt; allein von einem dortigen Kloster ist keine Spur. Das große Domanialgut Coldeweer, in der Nähe des Dorfs, könnte allenfalls einer geistlichen Stiftung angehört haben. — Fast noch räthselhafter ist gegen das Ende der Urkunde der Name Benahildesethes. Cassel trennt die vier ersten Sylben von den übrigen, im Original bricht mit »Bena« die Zeile ab und die folgende hat, ohne Verbindungs= oder Trennungs=Zeichen, »hildesethes.« Als Ein Wort ist das Ganze unerklärlich; will man sondern, so scheint das natürlichste zu seyn, entweder Bena als Vornamen und Hildesethes als Genitiv der Abstammung, also als Familien=Namen zu nehmen, oder das de, wie bei vielen der übrigen Namen, z. B. *Ulgerus de Felerne* (Faldern), als Präposition vor dem Ortsnamen zu nehmen, und *Benahil de Sethes* zu lesen. Dann ist aber für das letzte Wort kein Anklang als in: Woltzeten. — Endlich möchten vielleicht in den Namen Folpert Einretsa, Agga Alberes und Agga Ubbes, da ein *Orator* (Sprecher) *Sitatus* ihnen vorangeht, drei bisher unbekannte Consuln des Norderlandes angetroffen werden, und der zweite aus dem Geschlechte der Albersna gewesen seyn, welches im J. 1500 ebenfalls einen Consul lieferte. Die Norder Consuln waren ja unter den Vertragenden, und das (vorn mit abgebildete) Norder Siegel hängt an der Urkunde.

Der geschlossene Frieden wurde zwischen den Emis=

gonern und der Stadt Bremen nicht genau beobachtet, jedoch im J. 126? durch wechselseitige Abgeordnete, zu Norden im Predigerkloster erneuert, auch auf die Federgoner ausgedehnt, deren Consuln und Gemeine (*Consules & universitas*) einige Tage später ausdrücklich beitraten. Die Urkunden von beiden Verhandlungen, die erste am Jacobitage, die zweite *II. feria post. Jac.* ausgestellt, sind gleichfalls im Archiv zu Bremen. Jene ist auch von J. M. Lappenberg in seiner Ausgabe der Geschichte des Ursprungs der Deutschen Hanse, von G. F. Sartorius, (Hamburg 1830) Urk.=Buch S. 725 mitgetheilt. — Unter den Personen, welche dem Hauptvergleich vom Jacobitage beigewohnt, wenigstens ihre Siegel angehängt haben, sind drei Pröbste des Münsterschen Sprengels, Deddo von Emden, Heso (wahrscheinlich Hero) von Husum und Liudward von Uttum. Auch hängt das Siegel des Norderlandes an.

Beilage V.

Aus dem Urkundenbuche des Klosters Langen, im Archiv zu Aurich (die Schrift ist an verschiedenen Stellen unleserlich geworden.)

In nom. dni Amen. Anno nativitatis ejusd. MCCCxcii quum secundum juris sanctionem quod omnes tangit ab omnibus approbari convenit nemo excluso. Esse enim temporis ..... suo universo non congruens unitas etenim ac concordia pacem & salutem introducit multiplicitas vero discordiarum lites parit & excitat. Id circo bivarius [1]) nominatus in sequente pagina ..... infamis seu bygamus quo proposito ab unitate recedit & secundum boecium in de consolacione philosophie unum quodque ..... existere quamdiu unum est interire vero dum unum esse desinit quapropter domini prelati abbates prepositi decani sacerdotes & clerici nec non seculares persone nobiles & potentes communitatesque diversarum terrarum partium frisie ita se concordaverunt se combinando confederacionem ..... ac communem

---

[1]) Das Wort ist nicht ganz leserlich.

concordiam unanimiter & ligam inierunt pro juris sui defensione ac gravaminum sublevamine nec non appellacionis remedium ad perexcellentissimum tribunal interposuerunt prout in litteris super quo confectis plenius elucessit juramentis ac obligacionibus validissimis inibi insertis & redactis ad memoriam futurorum contra quendam Wigboldum de Groninghen ordinis minorum frater qui se pretendit in collectorem seu nuncium cujusdam cardinalis ostiensis apostolice sedis legati ad extorquendas contribuciones & collectas pro expensis sue obligacionis sibi directe a clero partium frisie & contra dicti Wigboldi processus iniquos... ac...... nullas & frivola de facto contra nonnullos emissa decreta & fulminata cui quidem combinacioni confederacioni & communi concordie & lige pro iure & iusticia defensauda nec non appellacioni interposite ad perexcellentissimum tribunal nos prelati abbates decani prepositi & clerici ne videamus ab unitate recedere finaliter intendimus insistere & adherere & presentibus insistimus consentimus & adheremus promittentes hiis presentibus sub ypotheka & obligacione nostrorum bonorum presencium & futurorum fideliter in predicta causa stare usque in finem consilio auxilio & expensa dominis & clero terrarum folvilgonie & husgonie & ac etiam aliarum parcium frisie nec velle absque eorum consilio & consensu quitquid attemptare in promissis salvo quod non est nostre intencionis sicut nec aliarum terrarum dominorum & clericorum contra sedem beati petri & sanctissimum patrem in ea residentem nos erigere seu ei quomodolibet in minimo rebellare ubi verum motum animi summi pontificis justum & honestum nec non licitum ex eius recta sciencia absque circumvencione omni ambiguitatis scrupulo semoto procedentem possimus ...., & veredica relacione lucidius percipere & iuvestigare fatemur ei cum ceteris veris christianis christum Jhesum filium dei vivi nostrum ..... verum caput & beatissimum apostolum petrum eius vicarium cum omnibus suis legitimis successoribus in sancta sede recedentibus quos ipsa sedes vel sanctos invenit vel sanctos facit ipsius vero beati petri navicula licet turbinibus & procellis fluctuari possit & quassari naufragium nihilominus pati non potest aut submergi ipso adiuvante qui dixit ad b. petrum Ego pro te rogavi patrem ut non deficiat f. t. In quorum omnium premissorum testimonium fidele & efficax ac robur firmitatis sigilla dominorum & prelatorum precipuorum presentibus sunt appensa datum anno qui supra die xij mensis Februarii. S. d. abbatis in zolo ord. sti benedicti S. prepositi in langhen ord. prem. S. commendatoris in Albringwere S. prepositi in Emeden S. decani in Ottem S. in grotehusen S. prepositi in hynte.

Auf welche Begebenheiten bezieht sich diese Urkunde? In dem Abschriftenbuche, aus welchem sie, diplomatisch genau, entnommen ist, steht sie zwischen einem Document vom Jahre 1387 und einem vom Jahre 1393. Der Abschreiber hat sie also an die Stelle gebracht, wohin sie nach der von ihm angegebenen Jahreszahl 1392 gehörte. Ob er aber diese Jahreszahl vielleicht eben so gut unrichtig gelesen hat, wie manche andere Ausdrücke, z. B. *folvilgonia*, ist eine andere Frage.

Wäre die Jahreszahl richtig überliefert, so fiele der

erwähnte Bund in die Zeit der Gegenpäpste, in welcher leicht irgend ein Agent eines Cardinals zu diesem oder jenem Zwecke, unter frommem Vorwand, Geld erheben mochte. Die getheilte Herrschaft der Päpste hatte überdem im benachbarten Bisthum Utrecht auch Streitigkeiten wegen der Bischofwahl zur Folge, welche sich nach Groningen ausgedehnt hatten[1]) und ebenfalls Gelegenheit geben konnten, daß einzelne Geistliche für eigne oder für fremde Rechnung im Trüben zu fischen suchten.

[1]) *Schotanus geschied.* S. 201 und 202.

Beilage VI.

Original-Document auf Papier, im Archiv zu Aurich.
(Die Abkürzungen sind weggelassen.)

In den iaer ons heren M. v^c unde xxj des dinxsdaghes na misericordia domini omme twist unde scheling der twyer conventen ten olden cloester bynnen Norden unde ter Coldynen. om to ghebruken myt hoer wtdrifte dat velt beleghen tusschen Coldynen unde der heyde mytten steenkolken daer in beleghen. want de van norden sick vermeten de eghendom des grondes to hebben went hen ter coldynen toe soe sint ghekomen des daghes vorschreven to berhum vor onsen ghenedighen hochgheboren heren Edzarde grave to oestvryslandt van weghen des erwerdighen Abttes de eerlike unde gheestlike pryster heer Albert conventuael unde broder gheert converss des Cloesters unde der Abdien bynnen Norden an die ene syde. unde de gheestlike ersame heer Arent pater unde bichter to coldynen. unde heer Jacob to zylmonken conventuael eertyds gheweest prior to Esenss an de ander syde myt ghetughe vromer eerliker unde older huysluden an beyden parten. welke sake vor onsen ghenedighen heren vornomt lang unde breet is verclaert. unde de tuyghen an beyden parten gheexamineert, in bysitten des walgheleerten unde gheboortighen mester Edden van dornum kerckheren to haghe. unde des wysen unde vorsichtighen wilhelmi kenseliers onses ghenedighen heren. unde des vromen unde duchtigheu Geltcken drost unde ampmans to berhum. Daer onse ghenedighste here gegheven heeft een afscheydt unde sententie verludende, dat noch dat Convent ten Oldenkloester noch de van Coldynen sick sullen underwinden eghendom des grondes. behalven sommighe ackers unde ytlich lande, daer in beleghen daer sy bewys seghel unde bryven an beide parten op hebben. in coepe ofte wesseling ofte gaue heen anghecomen mer dat velt unde steenkolken sal hem wesen ghemeen unde sullen sy ghelyck bruken unde bedryven sonder oeck enighe verkortinge der huyslnden daer omlangs wonende, ghelyck als sy pleghen dat velt myt malkander to gebruken voer den krygh unde do de van oldecloester hoer vorwerck ter heyde sulft besatten. bewarende dat nymant den ander hynder ofte scadelyck sy in synen koerne ofte huyswerue. In een bewys der waerheit is begheert van den vorbenoemten gheboortighen unde walgheleerten mester Edden etc. dat hy als een generael commissarius unde notarius solemnis dit vorschreven wil certificeren unde bevestigen.

(Aufgedrucktes Siegel unkenntlich.)

        Et Ego Heddo de Dornum . . . . . Clericus bremensis Dioc. Imperiali auct. notarius omnia et singula ita rata et facta ut supra protestor manu mea ppia.

Auf der Rückseite von anderer Hand:

vp de wtdryft van onse besten na lunyghes has.

Von dem Document ist eine, blos in der Rechtschreibung abweichende, saubere Abschrift auf Pergament, durch Heddo von Dornum beglaubigt, auch noch vorhanden.

Beilage VII.

Original auf Pergament, im Archiv zu Aurich.
(Sehr schöne Schrift.)

Nos fratres Bernardus Abbas ad s. Mariam in Clarocampo ordinis Cysterciensis Traj. dyoc. sacre theologie professor visitator per frisiam premissi ordinis ut in litteris desuper confectis apparet constitutus & Rodolphus Abbas ad s. Bernardum in Adwerth ordinarius visitator monasterii scte Marie in scola dei monasteriensis dyoc. Notum facimus universis & singulis presencia visuris seu audituris quod nunquam dedimus literaliter vel verbaliter licenciam dno Theoderico de Rees quondam abbati scole dei Bremensis dyoc. auctoritate ordinis vendendi seu alienandi aliqua bona immobilia a monasterio predicto de scola dei que auctoritas capituli generalis & omnis alienatio sive venditio immobilium sine auctoritate premissa secundum tenorem nostrorum privilegiorum de facto est irrita & inanis. preterea fratres d. monasterii coram nobis deposuerunt suas manus ad pectus ponendo ad hoc per nos requisiti sicut & primo tempore dicti dni Theoderici tempore sue absolutionis contra eundem deposuerunt quod eidem nunquam consenserunt ad vendendum aliqua bona immobilia & presertim in venditione allodii in Monekewerven in astrogroda in parochia dornum situati inita cum nobilibus & honestis viris capitalibus videlicet mauricio⃰ in dicto dornum & haykone in hint. Quare vocati ad nos sicut prius quum eodem modo advocavimus fratres d. scole dei ut in verbo sacerdotii testimonium perhiberent veritati & invenimus saniorem ac maiorem partem fratrum non consensisse sed potius contradixisse ceterum nihilominus percepimus in verbo veritatis ab eisdem fratribus sigillum conventus d. scole dei pro nunc surrepticie acquisitum & obtentum & omnia facta scripta & sigillata premissam materiam tangentia ignorante capitulo saltem maioris & sanioris partis ut profertur d. conventus secrete latenter & silenter pacta sunt & patrata. Acta sunt hec in monasterio prefato anno dni m⁰ quadrigentesimo quadragesimo tercio Crastina visitationis virginis gloriose in presencia dompni Theoderici peyns officialis generalis curie bremensis & Alberti curati in weineym brem. dioc. quod nos cum nostris dependentibus sigillis una cum sigillo dicti dni Alberti protestamur.

Das große Siegel des Visitators, in rothem Wachs, ist abgerissen. Das kleine des Albertus hat eine Heiligenfigur.

Beilage VIII.

Original-Urkunde auf Pergament, im Archiv zu Aurich.

Petrus dei & apostolicae sedis gratia Episcopus Fanensis ad invictissimum principem Carolum Romanorum Imperatorem semper Augustum ac quecunque illi ratione sui patrimonii quot[1]) subiecta dominia nec non universam Germaniam Sanctissimi domini nostri pauli pape III & apostolice Sedis Nuntius cum potestate Legati de latere. Discretis viris Abbati monasterii in florido horto monasteriensis diocesis & Officiali monasteriensi Salutem in domino. Ex parte dilectorum nobis in Christo Johannis Rekamp Abbatis monasterii in Adwerda monast. dioc. & Georgii de Munster laici dicte dioc. nobis oblata petitio continebat Quod olim fuerit quoddam monasterium in loco dicto Ile partium Ostfrisie ordinis sancti Bernardi dicte dioc. quod Religiosi propter sectam Lutheranam penitus deseruerunt & Abbas & plures alii monachi duxerunt uxores distractis & ablatis bonis omnibus prefati monasterii & deinde quondam Balthasar tunc dominus temporalis de Esis dictum monasterium penitus exussit & reliquum quod post huiusmodi

---

1) Nach dem letzten Buchstaben ist ein Abkürzungszeichen; das Wort ist wahrscheinlich: *quotquot*.

exustionem remansit ut puta lapides & alia que igne consumi non poterant usurpavit sibi quondam Johannes Comes Emdensis qui ex dicto loco Ile ubi prefatum monasterium esse consueverat & ex prediis vicinis ad ipsum monasterium spectantibus fecit construi locum ad conservandum feras silvestres adeo quod non sit spes aliqua ut huiusmodi monasterium unquam poterit redificari seu reintegrari Quare dictus exponens Abbas in Adwerda superior eiusdem monasterii de Ile eo quod ab eodem monasterio de Adwerda dependebat seu illius membrum existebat pro evidenti utilitate dicti sui monasterii dedit seu dare intendit dictum locum de Ile cum prediis vicinis ad dictum quondam monasterium de Ile spectantibus eidem Georgio exponenti in emphiteosim perpetuam sub annuo censu seu canone viginti quatuor ducatorum Et sicut eadem expositio subiungebat cum huiusmodi concessio in emphiteosim cedat in evidentem utilitatem dicti monasterii in Adwerda pro parte eoruudem Johannis Abbatis & Georgii exponentium predictorum nobis fuit humiliter supplicatum ut ex concessione huiusmodi & pro illius subsistentia firmiori robor confirmationis Sedis apostolice adiicere aliisque in premissis oportune prouidere de benignitate apostolica dignaremur Nos igitur qui de premissis certam notitiam non habemus huiusmodi supplicationi inclinati auctoritate apostolica nobis concessa & commissa qua fungimur in hac parte discretioni vestre per presentes committimus & mandamus quatenus si & postquam couiunctim & alias seruata forma Extravagantis Pauli pape ij de rebus & bonis ecclesie non alienandis cuius tenorem presentibus habere volumus pro expresso de concessione in emphiteosim & aliis premissis si fiat & quod illi in cuidentem utilitatem dicti monasterii cedant legittime constiterit ea omnia & singula nec non quecunque Instrumenta & litteras desuper expedita ac omnia & singula in eis contenta dicta auctoritate apostolica confirmetis & approbetis supplentes omnes & singulos defectus si qui interuenerint in eisdem Non obstantibus constitutionibus & ordinationibus apostolicis ac statutis & consuetudinibus Monasterii & ordinis predictorum etiam iuramento confirmatione apostolica vel quauis firmitate alia roboratis ceterisque contrariis quibuscunque Datum Bruxelle Cameracensis dioc. Anno a Nativitate domini Millesimo quingentesimo quadragesimo nono, Duodecimo M. aprilis pontificatus eiusdem domini nostri Pauli pape iij anno decimo quinto.

 P. Eps fanen. nuntius apostolicus.
   Lud. Alemanus Abbreviator & Not.
Das Siegel fehlt.

Beilage IX.

Original auf Pergament, im Archiv zu Aurich.
(Schöne deutliche Schrift.)

Wy broeder Johannes van Purmereynde prior ende ghemeyne Convent to Sylomoniken bi emede van der Regulier oerde doen kond mit desen opene brieve. Dat al ist sake dat die erve der naturen ende dat ghebod godes ons ende alle menschen verbyndet tot onderlingher mynnen nochtant syn wy vele meer verbonden totten ghenen sonderlinghe die onse convent mit gunsten ende weldaden ende bystandicheit ende ynnicheit in den dienste godes vorderen ende staende holden. Ende want die eerbare gheestelike suster hille ter lynden een mater ende moder der gheestelike susteren ter waerre mynnen. of ter koldynnen*) welke namen hier na ghescreven staen. Suster lucke graes. suster swane bruyns. suster hille van wynner. suster swaen henrics. suster wibbe tecynck. suster swane aerndes. suster Jutte van beveren. suster hille van elden. suster heleken van oetmersum. suster griete van kalker. suster fenne groethuys. suster swaen ter baert. suster aelke boedekers. suster griete van koesfelt. suster jacob van kalker. suster griet henrics. suster assel. suster wobeke van schutdorp. suster rixte van enchusen. suster griete beerndes. suster aelke iohans. suster fie van scutdorp. suster gheertruit van wesel. suster mette van weerden. suster neen van koesfelt. suster kunne van losser. suster truede van warendorp. suster jutte van munster. suster gerdeke van losser. suster ghese van munster. suster ghebbe van munster. suster griete scotbeke. suster geertruit iohans. suster beerte van oldesel. suster else van weerden. suster fenne gherdes. suster mette grueters. suster griete iohans. suster griete derrios. suster (hier ist ein Name unleserlich geworden) van oldesel. suster elseke iohans. suster griete ludekens. suster geb̶ ie lamberts. suster elseke henrics. suster geboeke beernts. suster tholop. tot ons ende onsen cloester ende broderen sonderlinghe grote mynne ende gunste hebben. daer om hebben wy hoer in onse ewighe broderschap ontfanghen ende maken hoer deelachtig ende gheven hoer mede alsoe vele alst ons van gode gegheven wert alle die guede werken. alle die goedesdiensten. alle die myssen. alle die ghetiden. ende alle die ghebeden die men nachtes ende daghes in onse cloester doet ende doen sal van nu in dat eynde der werlt. ende alle die inwendighe gheestelike oefninghe ynnicheit ende devocie. Ende alle die wtwendighe oefninghe als vasten waken. disciplinen abstinencien. arbeiden aelmissen Ende voert alle dat guet dat men in onsen cloester vermits die hulpe godes nu doet ende voertmeer doen sal tot ynt eynde der werlt. Ende van sonderlinghen gracien wille wi daer toe doen dertich sielmissen nae horen doot dien god hillich ende salich moet maken. Ende des salmen ons mit enen brieve vermanen na hoeren doot. In een tuych der waerheit so hebben wi onses convents secreet an desen brieff gehanghen Int iaer onses heren dusent vierhundert een en tachtentich op ten elf dusent magheden dach.

Auf dem Rand, bei dem, hinter dem Wort koldynen gesetzten Zeichen:

mit allen susteren die noch toecoemende syn ende die broderscap oetmodelik begherende syn.

Siegel in grünem Wachs anhängend: Ein Mann zu Pferde, der ein Gewand empor hält, welches bis unter dem Pferde sich fortsetzt und von einer daselbst knieenden Figur aufgefaßt wird. — Die Inschrift ist abgebröckelt.

Beilage X.

Aus der Urkundensammlung des Klosters Langen, im Archive zu Aurich, nach der daselbst, Blatt 38, befindlichen Abschrift.

Frater Thymannus electus abbas, prior, ceterique conventuales in werum ord. prem. monast. dyoc. Universis & singulis presencia visuris seu audituris cupimus fore notum protestando publice. Quod nos, matura deliberacione previa infra scripta, fecimus & ordinavimus bonorum conventus de palmaer alias porta maior, dicti ordinis dicteque dyoc. divisionem cum venerabili in Christo patre, dno Wilhelmo abbate cum suis conventualibus apud sanctum bonifacium in dockum dicti ordinis, Traject. dyoc. videlicet primo, quod nos conventuales in premissa werum alias florido orto perpetuis temporibus tenere ac libere valeamus ad nostrum libitum possidere conventum in dicta palmaer cum omnibus suis prediis, nec non grangias in claywerum & fynserewolda sum suis attinenciis, excepta tamen grangia de bonenborch, parochie in groethusum, quam conventuales de dockum cum suis attinenciis libere retinebunt ac perpetuis temporibus possidere valebunt sine nostra contradictione. Item responsuri capitulo nostro generali de talliis seu collectis, omnes aggeres juxta conventum dictum pallamaer qui ad ipsum dinoscuntur spectare, in esse conservabimus & qui super inundacionem aquarum fracti fuerint, sine auxilio conventus in dockum reparabimus ac reparari procurabimus, quousque ante dicto conventu in pallamaer cum suis grangiis antedictis usi fuerimus. Item nos conventuales de werum conversum Galconem ac sorores infra scriptas, vid. Tyadam, renzekam, deddam, Tyaldam & lammekam, in victu & vestitu tenebimus ac perpetuo sustentabimus, quousque degant in humanis. Ceteros vero conventuales vid. dnum folkerum, qui dno Wilhelmo, abbati in dockum, publice coram conventu suo, manualem promisit obedienciam, ac sororem ettam cum suis sororibus omnibus carnalibus, una cum ceteris utriusque sexus conventualibus, de quibus superius non est mensio facta, prefatus venerab. dnus Abbas in dockum ad suam obedienciam suumque collegium in dockum recipit & recepit, promittens eis de consensu suorum conventualium de victu & vestitu suisque necessariis, sine dampno conventus in werum & pallamaer, quousque in hoc seculo vitam duxerint. perinde hic annectitur seu additur, in casu, quo cenobium de pallamaer ante dictum de mandato capituli nostri generalis oportuit reformari & de preposito & speciali prelato provideri, prout dudum fuerat, aggeribus per terram reydensem versus silvam reparatis vel restauratis, ex tunc omnes premisse grangie, redditus & proventus ad dictam pallamaer redibunt, ac libere ad eius usum remanebunt, sicuti ante antedictam divisionem extiterant. Et hoc prefatus venerab. dnus Abbas & conventuales in dicta dockum & sui successores prefatum monasterium in pallamaer cum omnibus suis attinenciis, propter allodium in bonenborch nobis &

nostris successoribus perpetuis temporibus libere assignarunt & resignarunt, atque his presentibus assignant & resignant, dolo, fraude & nova invencione seclusis quibuscunque. In fidem premissorum sigillum nostrum conventuale, una cum sigillo abbaciali presentibus duximus appendi. Datum ao dni mccccxlvij, octava epiphanie dni.

Der Ausdruck versus silvam bedeutet: nach der Seite der Wolden, d. h. des Woldamts in der jetzigen Provinz Groningen.

Beilage XI.

1.
Original auf Pergament, im Archiv zu Aurich.

Universis & singulis presencia visuris seu audituris, Menardus vicedecanus in husum, Reduardus & Udo capitales ibidem, Sibrandus in eelsum, Allo in Astirhusum capitales, lyuppoldus in hlerlete ac haytatus ecclesie curatus, ac haytatus ibidem, Ayldo rector ecclesie in langhene, ceterique capitales & Iudices aqueductus in hlerlete, salutem & rei geste & iudicate cognoscere veritatem. hinc est quod cum memoria hominum dinoscitur labilis & cor eorundem omni mobili mobilius, ea propter ne id quod in tempore agitur simul cum eius transcursu a memoria digrediatur, solet scriptis inseri & sic quodammodo perhennari. Quare considerantes indignum fore & inhonestum & iuribus legalibus & canonicis inimicum, ut laycus viris ecclesiasticis, maxime regularibus, qui se & sua devote Deo obtulerunt, imponat tallias, collectas seu exactiones indebitas & iniustas. Idcirco de communi omnium nostrorum concilio & assensu statuimus, ordinamus & perpetuis temporibus duraturum presentibus confirmamus, quod conventus in langhene quantumque & quociescunque necessarium & expediens fuerit aliquas collectas, tallias & exactiones fieri pro publica vitalitate vel privata, puta aggerum vel aqueductus seu alia quaecunque debeat & possit de sua propria & ultra suam propriam hereditatem vel hamrikam, licet in aliena hamrika sitam collectiones & exactiones facere & congregare pro libito voluntatis, & ad labores seu expensas laborum publicorum solvere & contribuere, juxta ratam ejus predia contingentem, nec eum ultra id aliquo onere debere pregravari contradictione cuiuscunque non obstante. Acta sunt hec & publice pronunciata in communi cetu laycorum in husum. Anno nativitatis divine mccclxx dominica proxima post octavas Apostolorum petri & pauli.

Die Urkunde hat 9 Siegel gehabt. Ueber jedem der Pergamentstreifen, an welchen sie befestigt gewesen, steht der Name des Inhabers. Drei sind abgerissen; die übrigen, sämmtlich in grünem Wachse, und die beigefügten Namen sind folgende:

a) *S. Menardi:* eine Heiligenfigur;
b) *S. Reduardi:* ein links schreitender Löwe; über dem Schilde ein links sehender sitzender Adler mit ausgebreiteten Flügeln. Umschrift: *S. Reduardi a......sum;*

Dasselbe Wappen, nur mit rechtsstehenden Thieren, führten die Häuptlinge von Emden. Der Abdruck eines ihrer Siegel hat die Umschrift: *S. iuvenis Wiardi in emetha.* Harckenroth in der Vorrede zu den oorsprongl. las: *S. iccenis etc.* und machte einen Icce Wiards daraus. Das Siegel Wiards selbst ist im Archiv zu Aurich.

c) *S. Udonis:* unkenntlich;
d) *S. Sibrandi:* die heilige Jungfrau mit betenden Figuren;
e) *S. Allonis:* ein Vogel, wie es scheint, ein Schwan;
f) *S. ennonis in Gerkasi:* (?) ganz verdorben.

2.

Original auf Pergament, eben daselbst:

Enao haytadisna in hlerlete capitaneus ertheilt dem Kloster ungefähr dieselbe Begünstigung und aus ähnlichen Gründen: cum laicis super rebus ecclesie & personis ecclesiasticis & maxime super religiosos qui sua pro domino reliquerunt, nulla sit attributa facultas etc. Jahr und Tag sind nicht angegeben.

Sein Siegel in grünem Wachs: ein Mann zu Pferde.

Beilage XII.

Schrift auf einem Quartblatt Papier, im Archive zu Aurich.

Allen guden erberen Vresen In Oestvresland beseten unde allen guden luden gheesteliken eñ weerliken syt wytlick eñ kundich in desen apennen breue dat gans Auwerkerlant eñ dat zuderland eñ Yle myt vulbord eñ guden berade des meene meentes in den lande beseten. hebben vercoft to vryen cope to ewighen tyden deme prouest eñ Cōvente to Alande dat lant eñ Erue bynnen den dyke eñ buten den dyke vor wertich gulden als gang eñ gheve synd myt den dyke Alzo vele als den lande vorss to behoret van den dyken op den kalmer van twelue Redscapes weghen sunder alle underwyndes wat brockmerland to behoret eñ de Cōuente schal an em nemen als nu maket syndt den landen daer an vor.. (ein Buchstabe verwischt) vorwyssen In alzulke maneren off dat velle dat die weldighe hand hyr en bouen jenich wald wolde bewysen dat schal de ganse ghemente vet dess vorss landen vorkeren unde leueren deme Cōuente dat land eñ Erve loss eñ vry. weert euer zake dat ghemeente dat nycht mochte vryen so scholen de lande eñ meente sych weder holden an dyken sunder des Cōuentes schade. ende werd zake dat dese coep (Lücke) Invallich worde so schal de Cōuente die dyken maken als gheuūden synd.

Desen coep to vervasteren eñ to cõfirmeren heft
Auwerker lāt to becoren Thiarch menghersna nōna
bengana to hastū. nōna lyuddysna to Extum.
Thiarch dauwesna to west'ende Thiarch sunka-
na.....mma to wallinghusen. hayo Rynana to
Egelstum. hayo ubkana eñ lyubbo froukana to
schyrna. ulbed rykana to west'zondū. Frederick
alricksna to rode. wilham mertisna to holdorpe.
yna hyppana to aldathorp. unde wilham wybana
to velde van des zudenlandes weghen ys to ko-
ren. Wole hayana Thompa mertsna to simiswalde.
Tada thiardisna Amvo ende Euwe Iune rype Sybin
frontastna eñ syben vdana to ochtleburen. Tyo
wilhinsna eñ siptat folkarsna to bōxtum. Inne
merer bekantnisse eñ tuchnisse desser waerheid
hebben wy hern poppo abbet eñ Cõuente to Yle
vnse Inghezegele myt des meene landes Inghezegel
hangen an desen breue Screuē Int Jaer uns hēn
dusent veerhũdert eñ eenendertich vp onser lever
vrouwen Auent des lateren.

Spuren von Siegeln sind nicht da.

Aus diesem Document geht hervor, daß Aurich und
seine Umgebung nicht mehr, wie früher, zu Brockmer=
land [1]) gerechnet wurde, und daß Simonswold noch zu
den andern Dörfern des Süderlandes gehörte, folglich mit
Oldersum noch nicht in Verbindung stand. Denn Simis=
walde kann nur Simonswold seyn.

Die übrigen Namen sind, nach der Reihefolge: Har=
tum, Extum, Westerende, Wallinghusen, Egels, Schirum,
Westersander, Rahe, Holtrop, Aurich=Oldendorf und Velde;
ferner: Riepe, Ochtelbur und Bangstede.

---

[1]) Nach dem Brockmerbriefe war zu Aurich einer der vier
besonders befriedigten Höfe des Landes.

Beilage XIII.

Original auf Pergament, im Archiv zu Aurich.
(Sehr schön geschrieben.)

Everhardus dei gratia Monasteriensis episcopus universis Christi fidelibus ad quos littere presentes perveniunt salutem in domino sempiternam. Noveritis quod cum omnia predia curtes & possessiones, reditus & proventus, servitia & omnia iura in quibuscunque bonis & rebus consistentes & consistentia, cum omnibus suis attinentiis quos & que Abbas prepositus & conventus Monasterii Werdinensis colon. dyoc. habebant in frisia nostre dyoc. pro certa pecunie summa comparavimus & ydeo Abbas prepositus & conventus Jus patronatus ecclesiarum omnium dictis prediis curtibus & possessionibus annexum cum universitate dictorum bonorum in nos transtulerint pleno iure. Nos enim utilitate nostra pensata curtim in holtgest & omnia predia in wintzum cum omnibus suis attinentiis servitiis & iuribus dictis Abbati preposito & conventui quondam communiter vel divisim & nobis exhibitis & debitis Annuatim Dilectis nobis in Christo commendatori & fratribus sacre domus hospitalis Sti Johannis in Stenvordia pro centum & quinquaginta marcis sterlingorum vendidimus, quam pecunie summam a dictis commendatore & fratribus recognos-

cimus esse nobis traditam & persolutam et ipsam
pecuniam in emptionem bonorum aliorum integrali-
ter esse conversam. Quam curtim in holtgest &
que predia in wintzum cum omnibus suis attinentiis iuribus & servitiis predictis eisdem commendatori & fratribus assignamus et resignamus ad per-
petuos usus domorum ipsius hospitalis in Gemme-
gum et in Werfum Nichil iuris in eisdem bonis nobis retinentes. Jus etiam patronatus ecclesiarum
dicte curti in holtgest & prediis in wintzum annexum ab ipso Abbate preposito & conventu in nos
cum universitate dictorum bonorum translatum in
prefatos Commendatorem et fratres transferimus
per presentes. Reservantes nobis & successoribus
nostris nec non archidyacono nostro qui pro tempore fruit ius investiendi ac omnia faciendi que clerici seculares in synodalibus quoad iura capellani
& archidyaconi loci facere consueverunt. Volentes
& consentientes quod dicti commendator & fratres
unum fratrem de ipsorum ordine vel secularem sacerdotem ad quamlibet dictarum ecclesiarum nobis
& successoribus nostris presentent ad investiendum.
Et illis defunctis ut altero eorum etiam resignante
vel resignantibus nobis modo predicto alium vel
alios investiendum presentabunt. Renuntiantes super venditionem dictorum bonorum pro nobis et
nostris successoribus omni exceptioni et auxilio iuris per quod effectus presentium posset impediri
vel aliquo modo irritari seu retractari. In cuius
rei testimonium sigillum nostrum presentibus duximus appendendum. Datum Monasterii anno domini
m⁰ cc⁰ lxxx⁰ quarto feria secunda infra Ebdomadem
penthecostes.

Großes Siegel an roth und weiß seidener Schnur.
Braunes Wachs. Eine Bischof=Figur mit der Um=

schrift: Everherdus dei gratia Monasteriensis episc.

Ein zweites Document auf Pergament ebendaselbst, anfangend:

Nos Walramus dei gratia prepositus, Nos brunlevus decanus totumque capitulum ecclesie monasteriensis

bestätigt obigen Verkauf 1285 sabbato quo cantatur karitas dei.

Großes Siegel eben so angebracht. Ein Brustbild mit der Umschrift: Paulus apostolus.....

Beilage XIV.

J. J. Harckenroth giebt am Schlusse seines Werkes: *Oostfriesche Oorsprongkelijkheden*, in der zu Groningen, 1751, erschienenen zweiten Ausgabe, ein Verzeichniß der Klöster und Klostergüter in Ostfriesland, in schlechten, plattdeutschen, mit hochdeutschen Worten vermischten, Versen. Schon im Buche selbst hatte er S. 756 ein Bruchstück desselben mitgetheilt und dabei angeführt, daß er das Ganze von weil. Alexander von Werdum bekommen habe. An der Stelle aber, an welcher er das sogenannte Gedicht vollständig abdrucken läßt, S. 907, sagt er, es sey ihm in Appingadam geschenkt. Das Verzeichniß enthält, neben der Aufzählung der wirklichen oder vermeinten geistlichen Güter, bittern Tadel über die Verwendung derselben. Der Verfasser muß besonders in Emden gut bekannt gewesen seyn, weil er die dortigen Verhältnisse vorzüglich erwähnt. Er kann nicht später, als am Ende des 16ten Jahrhunderts gelebt haben, denn er scheint viele der eingetretenen Veränderungen, als noch frisch im Gedächtnisse vorhanden, anzunehmen. (S. auch die Anm. zu V. 59.) Das ganze Gedicht ist ein Commentar zu Beninga S. 651.

Weil das Verzeichniß häufig zur Beantwortung der Frage benutzt ist, ob dieses oder jenes Gut ein Kloster gewesen sey, schien es nicht unzweckmäßig es der Geschichte der Klöster beizufügen. Manches in demselben erläutert sich aus dem vorstehenden Werke, von Anderem geben die Anmerkungen Nachweisung.

Es hat auch, nach Harckenroth a. a. O. S. 756, eine hochdeutsche Bearbeitung gegeben, welche ein Prediger in den Groninger Umlanden besessen hat. Ein Bruchstück, welches Harckenroth namhaft macht, kommt ebenfalls unten in den Anmerkungen vor.

Memorialis designatio
der prelaturen, Closteren, Conventen und andern Kercklenen in Oostfriesland.

Eyn denckzedel der Kloster in Vreslandt
Wil ick ut oersaecke ons schriven thor handt.
Weiln alst lopt under und over, up und neder,
Sol sunst Kindt und Kindeskindt niet weten weder,
5 Wat, wovoele der Kloster und war sie gebleven,
Die ehre vorvadern, tot ehren Godes gegeven.
Offt wol sulckes domals unrechtlich is geschen
So kan ick doch in geinen wegen besehn,
Dat sie to betern gebruck werden angelecht.
10 Unnuttelick vertert es die Here met dem Knecht
Mengen dat geistliche mit oer weltliche guet
Nicht denckende, dat het eine dat ander verslinden doet.
Dunebroick mit der Muede sint getagen,
Thom huse Lehrort wil ick ju sagen.
15 Dat Kloster to Barte und Langholt up der Heyde,
Sint gekamen to Stickhusen alle beide.
Syhlmonnicken im Kleye tho Auwrick,
Mit Merhusen und Ilhe dat segge ick.
Coldinne to Berum, Blauwhus und Alandt
20 Sint vor langes in die Greete bekandt.

Burmonniken, Hasselt dat Kloster tho Jemgum
Halte; Holtgast dar sprinct men ock met uhm.
Dickhusen, Appinga, Bonenborch und Abbingewehr,
Rodevorwerck, Harswege und andere mehr,
25 *Alse Heiselhusen und Stikelkamp int Osten*
Die sint genommen vor snuven und hosten.
Loquardervorwerk, Middelstum, Uppinge hoert oik hir to
Coldewehr, Monnikeborg, Groteheide und in de Gro
Wirdermonncken und Timmel solde ick hebben vergeten,
30 *Wen ick noch nit titz genoch hadde te seten*
Tedenge, mit den Vorwarcken, sehen tho doren hen ihn,
Sampt Dickmonnicken o woe schwach dunct mi dat se syn.
Oldekloster tho Norden mit Osterloch und Westerloch,
Ulgerwehr, Bockseten bi Timmel och,
35 *Thor Wische und andere Vorwercken vele*
Und Kloster Meyere al die ick hyr nit telle.
Allein die Kloster gebewe to Embden und to Norden
Dar is ein rechter gebruck ut worden:
Tho Norden hefft men ein Schole gericht
40 *Tho Embden ein Armen gasthaus gestifft.*
Doch der sulven Renten, Landen und Einkommen
Hebben die hern langst an sich genommen,
Also dat dar nichts is by gebleven
Davan die Gaudenten pflegen herlich te leven.
45 *Die Barffuter Monnicken hebbent dar na beseten*
Den musten die burgere to Embden geven dat eten.

Dieselbe die burgere dan tletzen kofften dar aus
Und mackten alzo vant verfallen Closter ein Gasthaus,
Der eine gaf gelt, der ander den Stein, der dritte die Calcken,
50 Der Edel Tydo von Kniphusen gaff die Balcken,
Bröchtens also in vorrath und jarlicher pension,
Allein tom dienst der armen umb Gottes lohn
Met groten Unkosten und burgerlichen beschweren
Noch darff der graff dat gasthaus weder begeren;
55 Und wollet, dat het hier by is gebleven nit menen:
Dan to Embden sint noch gewessen vyfftein Kercklenen,
Und behalven probsteyen, der armen Christi guttere on tal,
Die man verschenckt und verbracht hefft altomal.
Also dat men nu kum vier predicanten dar kan erholden,
60 Wan die burgere ere milte handt nit up doen wolden.
Noch sint der burgern upkumpsten nit frey,
Sonder man gript ook in dat klein restken der Kerkrenten und Landerey.
Dus sint verbleven prælaturen, Abdyen, Clostere und Conventen
Mêt allen oeren pravestyen, Landen, Upkumpsten und groten Renten,
65 Welch wahr der ansehenlichste rikeste Stant
Und der erste furnembste in ganz Ostfrieslandt.
Dar negst die gude Mannen, jetz die Ritterschafft,
Ock an herlicheiten, gebiede und Ryckedom gar habhafft
Habn dem erwelten Grave transportert dat hoch regiment,

70 Dock dat Er nit sol regieren one der Land-
    schap willen und consent
Laut Caroli Magni, Sigismundi und Friderici
Alle der gewaltigen groten Keyseren privilegy,
Woe die Graven sulvest bekennen durch gericht-
    lich Excipieren
Den 28 7bris ao 71 am Camergericht, dar to man
    sich doet referieren,
75 Und den 9. Märtz Ao 69. Zwehn Jar to vör
Ock to Speyr wie Clausz Friesz in gerichtlichen
    verhör.
Darumb met der Lantschap rath und wolbedach-
    ten muet
Sol men pillix anwenden dat geistliche prelaten
    guet,
Als ein schat und gave van der gemeine gegeven,
80 Darvon die gemeyne und armen pflegen to leven,
Wiederum tom gemeynen nutte und besten
Up dat man nit ovel fuere im lesten.
Dan wan dat leste ende wol wurde bedacht,
Man schol der armen schat so nit verteren mit
    pracht,
85 Und, tot seinen eignen nutte, alle Closter und Ker-
    cken gutten to sick rieten,
Als ein roff, met perden, hunden und Jegers vernieten,
Die doch nit gestiftet sint van den Graven,
Dan sein der gemeynen und armen underthanen
    gaven,
Die sie ock pillix wiederumb tom gemeynen nutz
    gnieten
90 Und sick dessen ock niemantz scholde laten ver-
    drieten.
Hierumb to bidden und to raden mit allen flyt,
So wurdt Godt geven den Graven und Landt
    gluck altydt. Amen!

*Die Landen so diese Kloster und Meyerhoven
gehadt hebben, sein by der Olden Fresen tyden gerekent worden up 50,000 grasen of
demten, alles toer behoeff der Armen undt
Geistlichen. Wat is idt nu?*

Anmerkungen.

22) Halte: Vorwerk des Johanniterstifts Mude. — Holtgast: Zubehör des Ordenshauses Jemgum.

23) Appingen, im Kirchspiel Visquard: wahrscheinlich Vorwerk, entweder von Dykhusen oder von einem der Johanniterklöster, obgleich es auch als eigenes Haus des Ordens genannt wird. — Boneborch, im Kirchspiel Hamswerum: ehemals zu Palmar, später zu Langen gehörend.

24) Rodevorwerk soll bei dem in der Ems verschwundenen Dorfe Geerdsweer gelegen haben, also in der Nähe von Langen, vielleicht ein Vorwerk desselben. — Harsweg, in der Nähe von Emden: daß eine Kapelle dort gewesen sey und den lutherischen Einwohnern von Emden, im 17ten Jahrhundert, eine Zeit lang, zum Gottesdienst angewiesen worden, (Wiarda Ostfr. Gesch. Th. 6. S. 67) ist bekannt und der Kirchhof noch vorhanden. Auch mögen sonst geistliche Güter dort gewesen seyn, denn es sind noch Domanialhöfe daselbst. Ob jedoch eine selbstständige Stiftung oder nur ein Vorwerk dahin zu setzen sey, ist nicht zu entdecken gewesen.

25) **Stikelkamp**, Besitzung des Johanniterordens.

27) **Loquarbervorwerk**: wahrscheinlich zu Langen gehörend. — **Midelstum**, im Kirchspiel Uttum: Vorwerk der Johanniter-Comthurei Abbenweer. — **Upping**, daselbst: Vorwerk von Aland.

28) **Coldeweer**, im Kirchspiel Freepsum, wird Klostergut gewesen seyn, weil es jetzt der Domaine gehört. Welches Kloster das Gut besessen habe, ist jedoch unbekannt. Möglicherweise wäre der *Abbas de Frebestum* in der Sühne mit den Bremern (Beilage IV.) hieher zu setzen. — **Monnikeborg**, in der Nähe von Oldersum: Es hatte eine, der heil. Margaretha geweihete, Kapelle, welcher Wiard von Uphusen, Häuptling zu Oldersum, in seinem Testament vom J. 1461, eine Partie Ziegelsteine vermachte. (Bei Brenneysen, Ostfr. Hist. Th. 1. Bd. 3. S. 87). Weiter ist nichts davon zu sagen. — **Groteheide** liegt im Amte Berum, es erhellet aber nicht, daß daselbst geistliche Güter gewesen. Wahrscheinlich ist Terheide, im Amte Esens, gemeint, ein Vorwerk des Klosters Marienthal zu Norden. — **In de Gro**: Hier wird das Vorwerk des Klosters Ihlo in der Dornumer Grode gemeint seyn, vielleicht das jetzige Dornumer Vorwerk.

29. **Wirdermonncken**: wahrscheinlich der jetzt sogenannte Buschplatz im Kirchspiel Rorichum, Vorwerk des Klosters Langen.

32. **Dickmonniken**: wenn entweder Dykhusen oder das Dornumer Vorwerk hier etwa nicht noch einmal genannt sind, unbekannt.

33. **Osterloch und Westerloch**: In dem kleinen Orte, im Amte Norden, der jetzt Osterloog heißt, sind, so viel man weiß, geistliche Güter nicht gewesen. Die Benennung Ost- und Westloog be-

zeichnete aber ehemals das jetzt sogenannte Wester=
loog, in jenem Amte, zwar nur ein einziges Ge=
bäude, indessen, weil es zu zwei Wirthschaften ein=
gerichtet war, früher das Osterlooger und das We=
sterlooger Grashaus geheißen. — Das, noch heu=
tiges Tages, in zwei Wohnungen getheilte Haus,
mit Graben und Zingel umgeben, zeigt eine, von
gewöhnlichen Bauerhöfen verschiedene, Beschaffen=
heit. Mit den zu ihm gehörenden 237 Diemathen
Landes und dem nach und nach ganz verschwun=
denen, ansehnlichen, Heller oder Vorland, war es
früher fürstliche Domaine und wurde im J. 1694
dem Cammerpräsidenten von Petkum, für eine For=
derung von 14,220 Rthlr. übertragen, ist auch
seitdem im Privatbesitz geblieben. (Norder Amts=
Acten.) In der Eigenschaft als vormalige Do=
maine ist es frei von Renteigefällen. Eben diese
Eigenschaft deutet darauf, daß es geistliches Gut
gewesen sey. Als besonderes Kloster wird es nir=
gends erwähnt. Wahrscheinlich war es von einem
der Klöster in und bei Norden, nach dem Zusam=
menhang im Text, vielleicht von Marienthal ab=
hängig.

34. **Ulgerweer**, im Kirchspiel Larrelt: war es je=
mals geistliches Gut, so mag es Langen angehört
haben.

35. **Thor Wische**: wahrscheinlich Grosterwisch, im
Kirchspiel Nortmoor, weil dieses früher Domainen=
gut war. Nach der Oertlichkeit dürfte es den Jo=
hannitern beizulegen seyn.

24—35. Zu diesen Versen gehört das oben gedachte
Bruchstück der hochdeutschen Bearbeitung, welches
so lautet:

»Noch müssen wir weiter erzehlen
Etzliche Vorwerk, bekannt aus vielen,

Rothe Vorwerk, Dyckmoncken und Schwagh,
Das Vorwerk zu Loquard, Bonenborg auch.
Longewehr, Midelsum, Uppinga,
Die sind mit Logemervorwerk auch zu rechnen da."
Einige Namen sind noch nicht vorgekommen. — S ch w a g h: Dieses findet sich auch bei Harcken=
roth, oben V. 32, mit gesperrter Schrift. Es ist aber, im Text, nach dem Zusammenhang, als Adjec=
tivum genommen. In den Groninger Umlanden findet sich der Ort, in Ostfriesland nicht. — L o n =
g e w e e r wird in den dem Verfasser zugänglichen Quellen nicht erwähnt. — L o g e m e r v o r w e r k
wird das, unmittelbar vom Kloster Langen aus bewirthschaftete, Vorwerk gewesen seyn.

56—60. Daß, allein in der großen Kirche zu Emden, wenigstens 13 Altäre gewesen, geht aus einer Nachricht des sogenannten *trifolii aurei*, im Em=
der Archiv, hervor. Rechnet man nun die St. Gertruden Kapelle, an der Pelzerstraße, und die St. Antons Kapelle, in der Emsstraße, hinzu, so hätte man schon die 15 Kirchenlehne zusammen. Ob wohl von den Gütern der Weltgeistlichen zu Emden durch die Grafen etwas eingezogen ist? — Bis zum J. 1576 waren zu Emden nur 4 pro=
testantische Prediger, so daß nach V. 59 das Ge=
dicht vor diesem Jahre entstanden seyn müßte.

Reprint Publishing

FÜR MENSCHEN, DIE AUF ORIGINALE STEHEN.

Bei diesem Buch handelt es sich um einen Faksimile-Nachdruck der Originalausgabe. Unter einem Faksimile versteht man die mit einem Original in Größe und Ausführung genau übereinstimmende Nachbildung als fotografische oder gescannte Reproduktion.

Faksimile-Ausgaben eröffnen uns die Möglichkeit, in die Bibliothek der geschichtlichen, kulturellen und wissenschaftlichen Vergangenheit der Menschheit einzutreten und neu zu entdecken.

Die Bücher der Faksimile-Edition können Gebrauchsspuren, Anmerkungen, Marginalien und andere Randbemerkungen aufweisen sowie fehlerhafte Seiten, die im Originalband enthalten sind. Diese Spuren der Vergangenheit verweisen auf die historische Reise, die das Buch zurückgelegt hat.

ISBN 978-3-95940-034-3

Faksimile-Nachdruck der Originalausgabe
Copyright © 2015 Reprint Publishing
Alle Rechte vorbehalten.

www.reprintpublishing.com

www.ingramcontent.com/pod-product-compliance
Lightning Source LLC
Chambersburg PA
CBHW080542170426
43195CB00016B/2650